Métamorphose

ÉVEILLE TA CONSCIENCE !

Éditions Eyrolles
61, bd Saint-Germain
75240 Paris Cedex 05
www.editions-eyrolles.com

Avec la collaboration de Raphaëlle Gasse

Illustrations : Manon Baëlen @manonenergies

Mise en pages : Soft Office
Relecture/correction : Amélie Poggi

ISBN : 978-2-416-00205-2

ANNE GHESQUIÈRE

Métamorphose

ÉVEILLE TA CONSCIENCE !

33 rencontres essentielles pour être soi

Éditions
EYROLLES

Sommaire

Introduction

Je me souviens précisément du jour, de la minute, de la seconde où j'ai pris la décision il y a trois ans de lancer un podcast ! Je venais de parcourir un article sur le retour en force de ce média. Car en effet, les podcasts, ce n'était pas vraiment nouveau, cela existe même depuis le début des années 2000 et le terme a été inventé par Ben Hammersley du journal Britannique *The Guardian*, en 2004. Donc jusque-là, rien de révolutionnaire d'un point de vue technologique. En 2014, aux États-Unis, c'est une série podcastée qui met le feu aux poudres et les Américains se saisissent de ce média qui va croître de manière explosive entre 2014 et 2016. En France, il faudra attendre 2019 pour qu'il s'impose comme incontournable. Aujourd'hui, ce sont environ 14 % des Français[1] qui écoutent des podcasts *natifs* de manière hebdomadaire. Si vous tenez ce livre entre vos mains, c'est que peut-être vous en faites partie – ou pas encore, mais vous allez adorer suite à la lecture de ce livre, n'est-ce pas ?! Aux États-Unis, ils sont plus de 30 % à écouter des podcasts régulièrement et, dès 2005, le visionnaire Steve Jobs avait prédit un grand avenir aux podcasts, les présentant comme l'avenir de la radio. En France, on distingue le podcast *natif*, issu de podcasteurs ou de studios indépendants, comme *Métamorphose*, des podcasts de radios nationales.

Après ce petit détour historique, revenons à ce jour où je lis cet article sur les podcasts. J'ai soudain un flash. Cela fait des années (depuis mon premier livre sur les cosmétiques bios et naturels en 2005) que j'interviewe et que je rencontre des personnalités hors du commun, que je lis des livres sur un mode de vie holistique au sens large, que j'ai entrepris de mieux me connaître à travers diverses formations, thérapies et stages. S'opère en moi une « métamorphose », tant sur le plan physique, émotionnel que spirituel. Depuis que je suis enfant, je suis attirée par la spiritualité, l'humain

1. Étude Havas Media/CSA, octobre 2020.

et par la connaissance de soi, le fameux, *Gnothi seauton*, en grec ancien le « connais-toi toi-même » socratique. Le plus ancien des trois préceptes gravés sur le temple de Delphes. La spiritualité, l'amour de Dieu, la quête de sens m'appellent tellement que je me suis même interrogée, à 26 ans, pour savoir si je voulais consacrer ma vie à Dieu… Mais non, le divin m'appelle visiblement à œuvrer autrement. Puis je voyage, voyage, voyage et rencontre alors plus en profondeur la terre, Gaïa, et fonde une famille. Passionnée par le vivant dans son ensemble et ayant à cœur, toujours, de répondre à cet appel de me mettre au service de moi-même et de Dieu (dans une vision non séparée), je crée quelques années plus tard un media engagé, FemininBio, et développe en parallèle une activité d'auteure et de directrice de collection dans l'édition. J'ai fondé le média FemininBio en ce sens il y a 14 ans. *Bios* en Grec est le « vivant ». FemininBio, c'est le principe féminin au service du vivant, ou le principe féminin en mouvement.

Toutes ces activités, ainsi que ma formation au Wutao, un art corporel contemporain très puissant qui « éveille l'âme du corps », m'emmènent à rencontrer des centaines de personnalités inspirantes, à avoir des conversations intimes avec des êtres qui sont aussi dans cette quête de sens, que ce soit sur le plan de l'alimentation, de la santé au naturel, de l'engagement citoyen, de l'écologie, de la psychologie et de la spiritualité. Des personnes souvent en recherche d'un absolu et qui s'interrogent sur la nature humaine, le sens de la vie, les liens entre les humains, l'amour, le bonheur, la joie, Dieu, les passerelles entre le visible et l'invisible, le manifesté et le non-manifesté. Toutes ces rencontres et conversations intimes avec ces porteurs d'un message puissant pour le monde m'enchantaient, mais j'étais souvent frustrée par la retranscription écrite. Cela ne reflétait pas la réalité de ce qui s'était joué dans la magique énergie du moment, de ce qui s'était passé dans la voix et dans la vibration, entre nous, à ce moment-là. Je trouvais que ces pépites précieuses, ces échanges dans l'intimité profonde du lien à l'autre méritaient d'être partagés au plus grand nombre. Comme si la présence des anges, parfois dansant autour de nous, était plus perceptible en audio que dans les mots couchés sur le papier… Et pourtant, j'aime tellement les mots ! Mais voilà, ma nouvelle voie était la voix, et le podcast *Métamorphose* est né.

Dès le départ, le podcast a trouvé son public et a été plébiscité par ses auditrices et auditeurs, merci infiniment. Cher lecteur, si vous ne connaissez pas encore le podcast, je vous invite chaleureusement à nous rejoindre. Une véritable «Tribu Métamorphose» s'est développée, une étincelle… une brèche… de lumière dans l'obscurité. Vous êtes ces lumières, car par votre fidélité, votre enthousiasme, vos mots d'amour, vos encouragements, vos milliers et milliers de mercis et de témoignages de cheminement et de transformation, *Métamorphose* déploie ses ailes… en grand! Ce chemin ne serait pas possible sans votre soutien, fidèles lecteurs et auditeurs. Et, ironie du sort, ma passion de l'écrit l'a emporté de nouveau puisque ces mots se sont de nouveau couchés sur le papier. Souvent, vous m'écrivez pour me dire que vous avez pris des notes sur tel ou tel podcast, que vous l'avez écouté plusieurs fois. Eh bien voilà, dans ce livre, vous avez la quintessence de ces intimes conversations pour en tirer l'essentiel. J'ai aussi voulu associer Manon, qui avait pris l'habitude de croquer certains des podcasts *Métamorphose* en dessins pour les réseaux sociaux. Je trouvais ses résumés inspirants et vifs. Parfois, une image et quelques mots permettent de saisir la pensée de manière fulgurante et de l'ancrer de manière kinesthésique en soi. Donc, pour certains podcasts qui s'y prêtaient, vous retrouverez ses jolis dessins, en plus du résumé. Trop bien, n'est-ce pas? Ce livre n'aurait pas vu le jour aussi vite sans le soutien de la talentueuse plume de Raphaëlle, venue en renfort du projet. Merci infiniment à cette fée qui vit en Afrique.

Mais ce livre ne vivrait pas sans et surtout grâce à ces extraordinaires interviewés et passeurs de lumière, qui, dès le départ, m'ont fait confiance. C'est une partie de ceux-là que vous allez retrouver dans ce livre. Plus de trente rencontres essentielles pour cheminer en soi et éveiller nos consciences. Difficile pour moi de faire une sélection! J'ai choisi, pour ce premier opus, de me concentrer sur les sujets qui peuvent parler à tout le monde de manière universelle. J'ai sélectionné les thèmes liés à la connaissance de soi, à la spiritualité et à la conscience. Ils sont le cœur du **moteur** de *Métamorphose*. *Motor* en latin qui signifie la mise en mouvement (et qui est en référence à Dieu au XVe siècle). Isâ Padovani soulignait ce point récemment. Dans cet ouvrage, vous ne retrouverez pas les sujets du podcast liés à l'alimentation saine ou à l'éducation. Mais je sais que vous allez néanmoins vous régaler avec cette délicieuse sélection de ces lumières du monde. Le choix s'est fait aussi à travers les podcasts que vous avez plébiscités sur les plateformes d'écoute et les réseaux sociaux.

J'avais envie de remettre leurs noms ici tellement leur confiance renouvelée pour ce projet de livre me touche : Laurent Gounelle, Thierry Janssen, Christophe André, Denis Marquet, Isabelle Pailleau, Stéphane Allix, Saverio Tomasella, Marion Blique, Marion Thelliez, Vincent Houba, Céline Tadiotto, Matthieu Ricard, Lucile Paul-Chevance, Luc Nicon, Meena Goll Compagnon, Camille Sfez, Natacha Calestrémé, Maud Ankaoua, Léonard Anthony, Lili Barbery-Coulon, Annick de Souzenelle, Marie-Pierre Dillenseger, Malek Boukerchi, Florence Servan-Schreiber, Olivier Lombard, Florence Bory, Martin Winckler, Arouna Lipschitz, Fabrice Midal, Christian Junod, Hélène de Fougerolles, Franck Lopvet. Bon nombre d'entre eux sont des écrivaines et écrivains à succès, des auteur·e·s de best-sellers. J'ai bien souvent un lien particulier avec chacun et d'une manière ou d'une autre, leur vibration singulière me touche. Je suis une hypersensible, le saviez-vous ? Et pour moi, le cadeau de la confiance offerte est une chose énormissime qui me bouleverse (si, si) ! Et pour cela, j'ai aussi souhaité reverser une partie des droits d'auteur de ce livre à deux organisations : celle de Matthieu Ricard pour son ONG Karuna Shechen, et le Fonds du 1 % pour la Planète, dont je suis ambassadrice pour la France. Merci à vous, pour eux aussi.

Les épisodes sont classés par ordre de diffusion avec le numéro de l'épisode à côté, ainsi vous pourrez facilement les réécouter si vous en avez l'élan. Belle lecture et rejoignez-nous sur les réseaux sociaux ou votre plateforme de podcast préférée !

Anne

“

Ces pépites précieuses méritaient d’être partagées au plus grand nombre.

”

– ANNE GHESQUIÈRE

Épisode #1

LAURENT GOUNELLE

Dépasser les illusions de notre personnalité avec l'ennéagramme

Laurent Gounelle est un auteur qui s'emploie à éveiller nos consciences. Son roman Je te promets la liberté *(éditions Calmann-Lévy) nous entraîne dans une épopée à la découverte de notre personnalité et des masques de nos personnages, pour tenter de trouver la liberté. Il nous explique comment mieux comprendre notre personnalité à travers l'ennéagramme, une voie ancestrale qui étudie la psyché humaine pour s'élever au-delà des illusions portées par nos personnalités.*

J'ai rencontré Laurent Gounelle il y a plus de dix ans, très touchée par les messages de ses romans et sa qualité d'écriture. Je l'ai interviewé à plusieurs reprises pour FemininBio et nous sommes devenus amis au fil du temps. Il est comme un mentor-ami pour moi !

« Chaque personnalité est structurée autour d'une problématique source de souffrance, plus ou moins apparente, liée à une blessure initiale. »

Pour certains la peur, pour d'autres l'image, ou encore la colère.

La plupart des gens ont tendance à s'identifier à leur personnalité, alors qu'elle est en fait ce qui nous éloigne de nous-même. Par exemple, résumer une personnalité qui s'est structurée autour de la peur et du doute à « c'est un homme peureux et hésitant » ne dit rien sur lui ! Les peurs inhérentes à sa personnalité sont au contraire ce qui l'empêche d'être lui-même et de réaliser ce vers quoi le porte son cœur.

Il n'y a pas un type de personnalité meilleur ou qui souffre moins qu'un autre. Ainsi, chez des personnalités dont on peut croire, à tort, qu'elles sont plus positives que les autres, se cache très souvent une sorte de diktat de «je ne dois pas souffrir». Paradoxalement, c'est une source de souffrance puisqu'une telle personne va tendre à se pencher vers les sources de plaisir plus que vers les choses qui lui tiennent à cœur, mais nécessitent des efforts coûteux.

Au cœur des personnalités dans une problématique d'image, il y a parfois une croyance inconsciente du type «je ne vaux rien», bien que certaines puissent paraître assurées et fières d'elles-mêmes. Elles peuvent alors tout faire pour prouver leur valeur – notamment par des signes extérieurs de réussite sociale et professionnelle – car elles ont peur, inconsciemment, que l'on perçoive cette tare au fond d'elles. Ce drame intérieur est la source d'une grande souffrance, et leur travail sera de se libérer du regard des autres pour être pleinement elles-mêmes.

«Avec son wagon d'illusions, la personnalité nous permet de nous constituer un équilibre et de nous mouvoir dans la vie.»

Dans l'origine de la personnalité, il y a une part d'acquis provenant de notre vécu, du discours des parents… Mais la plupart des psychologues s'accordent à dire que le cœur même de la personnalité est présent à la naissance. On ne sait pas si ça vient de la vie intra-utérine ou d'ailleurs, mais l'enfant qui vient au monde a déjà une personnalité. Il y a une sorte d'orientation de l'énergie à la naissance.

En luttant contre les problèmes inhérents à sa personnalité, on les renforce: mieux vaut adopter une posture d'accueil pour chercher à les résoudre. On a le droit d'avoir peur, d'être soucieux du regard des autres, ou d'avoir tendance à se laisser aller à la colère.

L'objectif est de réaliser que l'on existe indépendamment de cela et de s'en libérer. Mais il est difficile d'évoluer seul: avoir des gens qui croient en nous, tout en ayant eux-mêmes une vision du monde différente, est essentiel pour nous libérer de nos illusions et nous autoriser à être nous-même.

«L'ennéagramme offre un chemin d'évolution très riche.»

L'ennéagramme est l'un des nombreux modèles de typologie de personnalités, pour moi le plus complexe et le plus proche de la réalité. Tous ces modèles présupposent qu'une personnalité est une manière de se voir soi-même, de voir les autres et d'interpréter le monde. On dresse des « familles », comme une cartographie des grandes visions du monde.

Chaque personnalité est unique et il ne s'agit surtout pas d'enfermer les gens dans des cases ou de s'identifier à son « type ». Mais le connaître apporte une clé pour mieux se comprendre, savoir comment évoluer et se libérer d'une personnalité. L'accueillir offre un chemin pour transformer en réels atouts ce qui a pu se manifester comme un handicap et faire souffrir.

Pour cela, il faut mettre notre attention sur l'aboutissement et non sur le problème. Les Américains ont d'ailleurs une expression consacrée : *« What you focus on expands »*. Si vous portez votre attention sur votre problématique de peur, de colère ou d'image, elle va prendre une dimension prépondérante dans votre vie.

Porter au contraire l'attention sur l'aboutissement – la confiance si l'on a une problématique de peur, la sérénité si l'on a une problématique de colère – permet d'accéder le plus souvent possible à nos ressources pour aller dans la bonne direction.

« Ma plus grande espérance est de connaître un monde qui vit dans la paix et l'amour. »

Cela peut sembler utopique mais je pense que c'est notre destinée, collectivement. L'un des moyens d'y parvenir est de commencer par un travail sur soi pour en faire profiter le monde. En apprenant à être plus heureux, à s'occuper de soi et résoudre ses problèmes, on va naturellement pouvoir aimer davantage les autres, s'en préoccuper plus et ressentir un amour véritable.

Laurent Gounelle est l'auteur de nombreux romans best-sellers, dont *L'homme qui voulait être heureux*. Son dernier livre, *Intuitio*, est paru chez Calmann-Lévy. www.laurentgounelle.com

“

Si l’on veut
la paix et l’amour
dans le monde,
il est intéressant
de commencer par être
en paix avec soi-même
et d’apprendre à s’aimer.

”

– LAURENT GOUNELLE

Épisode #6

THIERRY JANSSEN

Écouter le silence à l'intérieur de soi

Chirurgien devenu psychothérapeute, Thierry Janssen est une âme aux enseignements spirituels précieux. Fondateur de l'École de la Présence thérapeutique (EDLPT) à Bruxelles, récemment rebaptisée École de la Posture juste (EDLPJ), il est l'auteur de plusieurs livres consacrés à une approche globale de l'être humain, au développement de la « médecine intégrative » et à une vision plus spirituelle de la société. Dans son livre Écouter le silence à l'intérieur, *il témoigne du chemin extraordinaire qui a profondément modifié son existence, et partage son expérience de la pure conscience pour apprendre à écouter le silence à l'intérieur et nous guider sur le chemin de l'éveil… Thierry nous propose un chemin de retour à l'essentiel, une rencontre avec Soi. J'ai lu ce livre alors que j'arrivais à Hiroshima, au Japon, et il tombait à point nommé pour accueillir en moi cette douleur de la mémoire vivante de ce lieu meurtri par son abominable histoire… J'ai rencontré Thierry il y a plus de dix ans et j'ai été immédiatement fascinée par la puissance de son intelligence limpide et joyeuse.*

« Le silence n'a rien à voir avec l'absence de bruit, c'est l'espace conscient dans lequel tous les bruits naissent et disparaissent, c'est l'essence même de la présence. »

L'expérience de la pure conscience a transformé mon existence ! Un jour, alors que je méditais en me concentrant sur ma respiration afin d'apaiser mon mental agité par la présence d'un bruit de la rue qui m'empêchait de travailler, tout à coup, j'ai entendu ce qu'il y avait au-delà du bruit : le silence.

J'ai compris que le silence est toujours là, au-delà des sensations, des émotions et des pensées, tout au fond, en arrière-fond. On ne peut pas le créer :

il suffit de l'écouter. C'est un immense espace de liberté dans lequel nous pouvons choisir en conscience ce à quoi nous allons nous attacher ou pas.

« Pour libérer la joie qui est en nous,
au-delà des blessures de notre mental agité et bavard,
je plonge dans le silence de la conscience. »

Le mental pense et bavarde énormément alors que la conscience constate simplement. Afin de pouvoir parler de lui, le mental crée une entité qu'il appelle « moi », un moi qui dit « je » – *ego* en latin. Notre mental, et donc notre moi, est personnel ; la pure conscience, quant à elle, n'est pas personnelle, elle est universelle. Elle est perception, accueil sans condition, amour inconditionnel.

Il ne s'agit pas de détruire ou diaboliser l'ego ! Mais quand l'ego prend toute la place, avec ses peurs et ses comportements névrotiques, nous pouvons traverser une véritable « nuit noire de l'âme ». Le projet de l'âme est d'aimer inconditionnellement. Il faut pouvoir mettre les merveilleuses qualités que notre ego a développé pour survivre au service de ce qui est plus grand que nous et qui est en nous, la pure conscience silencieuse, paisible et aimante, l'essence de l'être, la Vie.

Le silence est l'essence de notre être profond, le noyau de conscience qui constate simplement. C'est la toile de fond, l'espace dans lequel tout apparaît et tout disparaît, une dimension qui s'apparente au vide quantique, la source d'où émerge la réalité dont la conscience va déterminer l'expérience. Certains l'appellent Dieu. Les bouddhistes parlent de la « vacuité » : le vide rempli de tous les possibles encore non manifestés.

« Le véritable éveillé est silencieux. »

Les images et les mots que l'on utilise pour expliquer ce que nous vivons sont générés par notre mental. Ainsi, par exemple, notre vision karmique des choses traduit notre constatation d'une logique de cause à effet. La constatation n'a pas besoin de mots, elle embrasse la réalité, en silence.

Je me réjouis de l'engouement pour les pratiques méditatives aujourd'hui, tout en restant vigilant. On parle de « pleine conscience » (*mindfulness*), or *mind* c'est le mental, pas la conscience ! Il serait plus juste de parler de « pleine attention » ou de « présence attentive ». Cela apaise le mental. C'est la première étape de la méditation. En respirant profondément pour détendre le cœur, le mental va s'apaiser encore plus profondément, la conscience – l'esprit, le véritable esprit, pas le mental – peut alors s'éveiller et notre nature silencieuse, paisible et aimante se révéler. La pratique méditative est millénaire et fait partie de l'héritage spirituel de l'humanité. La spiritualité devrait être différenciée de la religion, elle est la voie de l'éveil de l'esprit, la compréhension de la nature profonde des êtres et des choses.

Une démarche spirituelle doit être incarnée. Or la spiritualité occidentale s'est coupée du corps, banni parce qu'il était le siège de passions et d'émotions que l'on voulait dominer.

Dans l'école que j'ai créée, on apprend à favoriser l'éveil de la conscience en apaisant le mental. On fait alors l'expérience de la connaissance intuitive et transcendante qui naît du silence. La méditation que nous pratiquons insiste sur l'ouverture du cœur, une profonde détente de la poitrine qui libère l'énergie d'acceptation sans condition. Quand ça fait mal, je dis : « Ouvrez plus fort, car le cœur n'est jamais assez ouvert. »

« La spiritualité est la plus profonde expérience que nous puissions faire. Elle nous apprend à aimer. »

Vivre un éveil de conscience nécessite inévitablement d'accepter de regarder la souffrance que nous essayons d'éviter pour la traverser. De l'autre côté, nous trouvons la joie, qui est déjà en nous, et la vraie liberté, celle de faire le choix de créer et de participer à la Vie.

Le maître est en nous, nous sommes des gourous en puissance dans le bon sens du terme. Le gourou est l'enseignant qui fait passer de *gu-* – l'obscurité et la non-connaissance, en sanskrit – à *-ru* – la conscience et la lumière du soleil qui éclaire la Vie.

Thierry Janssen est l'auteur de nombreux livres chez Pocket et L'Iconoclaste. Son dernier opus, *La Posture juste*, est paru aux éditions l'Iconoclaste. www.thierryjanssen.com ; www.edlpj.org

“

Le silence est
de toute éternité :
il était là avant
que nous existions,
il sera encore là
après que nous aurons
cessé d’exister.

”

– THIERRY JANSSEN

Épisode #8

CHRISTOPHE ANDRÉ

Vivre sa liberté intérieure

Christophe André est une star des médias. Médecin-psychiatre, il est l'un des meilleurs spécialistes français de la psychologie des émotions. Ses livres sur la méditation se sont imposés comme des ouvrages de référence et, trois ans après le succès de son livre avec ses amis Matthieu Ricard et Alexandre Jollien, ils signent tous les trois, pour notre plus grand bonheur, À nous la liberté, *paru chez L'Iconoclaste/Allary Éditions. Faisons un point complet sur la liberté intérieure, le grand chantier de notre existence !*

Lorsque j'ai rencontré Christophe André pour la première fois, j'ai été émue par sa présence à la fois charismatique et effacée. Ce qui peut apparaître comme une étrange contradiction. Il était là, sans avoir besoin d'en rajouter. Un être naturellement puissant et posé, bienveillant et solide. Je suis ravie de croiser régulièrement son chemin. Il est une source d'inspiration pour moi.

« Prendre soin de soi est un acte de respect pour soi mais aussi pour les autres. »

Si je ne suis pas attentif à ma vie intérieure et à mes progrès, je serai plus facilement égoïste et imprévisible et provoquerai plus de souffrance autour de moi. Bien connaître la force de nos habitudes, émotions et conditionnements nous permet de faire exister la liberté intérieure chaque jour. Sinon, elle tend à s'effacer derrière d'autres quêtes plus spontanées (amour, bonheur, plaisir) et des obligations du quotidien plus matérielles ou triviales.

L'acrasie est l'un des nombreux obstacles à la liberté intérieure. Ce concept philosophique décrit toutes les situations où nous agissons à l'encontre de nos intérêts en refusant de faire un effort – ou de le faire durablement – pour retomber dans la facilité, les habitudes et les obsessions.

Nous insistons beaucoup sur l'importance de toujours faire un premier pas et du non-jugement. Bien que souvent dévalorisés, beaucoup de ce que nous atteignons dans notre vie résulte d'efforts – voire d'efforts joyeux, pour peu qu'on se reconnecte à nos valeurs pour accomplir ce qui nous pèse avec plus de légèreté.

« Le corps est précieux pour trouver la liberté intérieure. »

C'est le siège des émotions, et une émotion douloureuse ou négative signale qu'un besoin fondamental n'est pas satisfait. Les signaux somatiques qu'il envoie indiquent aussi que quelque chose ne va pas dans la relation à notre environnement.

En prendre soin nous rend plus apaisé, plus heureux et accroît nos capacités de discernement. La méditation de pleine conscience, par exemple, invite à rentrer dans la présence à l'instant et remet ainsi le corps sur le devant de la scène, plutôt que les seules pensées et jugements.

« Rien de ce que j'héberge dans mon esprit n'est anodin. »

Plus je tourne mes pensées dans une direction, plus je muscle la capacité de mon cerveau à produire ce genre de pensées. On peut ruminer des pensées négatives ou faire l'effort de cultiver des pensées, émotions et ressentis qui soient des sortes d'antidotes (la gratitude, l'envie émulative…). C'est un choix à faire quotidiennement, car se libérer des logiciels anxieux, dépressifs et colériques, qui ont tourné longtemps dans notre esprit, peut prendre des années.

Nous pouvons apprendre à pactiser avec l'anxiété, car nous n'inventons pas les problèmes, mais les déformons et les amplifions. Écrire le cheminement de nos angoisses ainsi que des scénarios alternatifs est un excellent outil pour découvrir un usage plus raisonné de la peur, l'écouter sans lui obéir.

Être humain, c'est être confronté à des raisons légitimes d'avoir mal ou de s'inquiéter. Apprendre à savourer les moments de bonheur dans la difficulté permet de grandir en liberté par rapport à l'angoisse et au découragement, et de gagner en capacité à se sentir heureux malgré tout.

Loin d'être seulement un problème émotionnel, beaucoup de nos souffrances viennent de la difficulté à se fixer de bons objectifs – du moins les meilleurs possibles – et à avoir une vision juste de ce vers quoi nous voulons aller.

L'égarement, c'est perdre son chemin et ainsi la liberté intérieure. Pour éviter les pollutions extérieures, nous devons travailler notre capacité de discernement et nous livrer à un rééquilibrage régulier : quels sont mes objectifs et comment je veux les atteindre ?

S'engager dans l'action est une façon de se libérer intérieurement. Malgré les apparences, l'humanité progresse réellement et ma plus grande espérance pour le monde est que nous ayons le loisir de continuer ces progrès. Pour cela, nous devons tous comprendre qu'il est urgent de sauver la planète. Si nous n'avons plus d'endroit pour les réaliser, nous ne pourrons accomplir aucun de nos objectifs et les progrès s'arrêteront nets !

« En étant en lien avec les autres, j'accrois ma richesse et mes capacités de liberté intérieure. »

L'écologie relationnelle consiste à s'appuyer sur les personnes ultraproches, mais aussi sur notre second cercle – copains et connaissances que l'on voit régulièrement – et sur le troisième – les contacts superficiels ou épisodiques. Chacun nous nourrit à sa manière et nous garde en lien avec l'ensemble de l'humanité.

Un modèle, c'est quelqu'un dont les comportements et les attitudes nous inspirent. Nous rencontrons des petits modèles au quotidien, dont l'attitude pleine de sagesse, d'intelligence et de bonté peut nous toucher. Presque tous les gens que je côtoie m'enrichissent et sont source d'inspiration (les imiter) ou de contre-inspiration (surtout ne pas leur ressembler).

Christophe André a coécrit avec Matthieu Ricard et Alexandre Jollien *Trois amis en quête de sagesse* et, plus récemment, *À nous la liberté* et *Abécédaire de la Sagesse*, parus aux éditions L'Iconoclaste/Allary Éditions. Il a publié de nombreux autres livres inspirants chez L'Iconoclaste ou aux éditions Odile Jacob. www.christopheandre.com

“

Nous ne pouvons pas conditionner notre paix intérieure au fait de ne plus avoir aucun problème à l’horizon.

”

– CHRISTOPHE ANDRÉ

Épisode #12

DENIS MARQUET

La philosophie du Christ

Agrégé de philosophie, Denis Marquet est aussi un romancier à succès, conférencier et thérapeute. Depuis plus de dix ans, il transmet la voie christique et c'est avec ce prisme que nous allons explorer les thèmes de ses deux derniers livres sur « la véritable philosophie du Christ » : Osez désirer tout *et* Aimez à l'infini. *Denis Marquet nous propose de nous abandonner à la grâce du divin pour réaliser notre mission et nous relier à la source d'amour infini…*

J'ai rencontré Denis lors d'une conférence sur la joie et l'enfant, et j'ai été saisie par son brillant esprit humaniste. Au-delà des concepts philosophiques et intellectuels, il y avait une profonde sagesse en mouvement qui émanait de son être. Quand j'ai lu ses deux livres sur la philosophie du Christ, la chrétienne en moi a complètement absorbé et bu ces paroles habitées à la source, comme une évidence. Cela a ébranlé la structure de mon être. La rencontre avec Denis a été un nouveau tournant spirituel dans ma vie ! Gratitude infinie…

« Tout est grâce ou impasse. »

Toutes les spiritualités partent du principe que l'écart entre ce que nous vivons et qui nous sommes – entre notre condition et notre nature – cause notre souffrance et doit être comblé. On a toujours supposé qu'il n'y avait pas de philosophie du Christ parce que son enseignement est pratique et répond à la question : « Comment guérir la condition humaine ? » Mais il est fondé sur une conception implicite de celle-ci, dont je voulais montrer la cohérence.

La pédagogie du Christ nous incite à laisser le divin nous créer, parce que notre nature profonde est en union avec Dieu. En acceptant de se recevoir de sa source, l'être humain entre en lien avec l'infini et peut être heureux. Tant que nous posons notre moi en position d'origine de tout, nous restons dans l'impasse, séparés de notre source. Dès que nous osons recevoir notre être de Dieu, nous vivons dans la grâce. Nous choisissons l'un ou l'autre, à chaque instant.

« La tragédie humaine, c'est le manque d'unité. »

Le grand enseignement du Christ, c'est que nous sommes tous un, et comme en deuil de cette unité perdue. Pour survivre à la séparation qui nous fait souffrir, nous avons créé un système de défense – l'ego, le moi – qui, à notre tour, nous empêche d'aimer en nous séparant de nous-même et des autres. Ainsi, nous transmettons le manque d'amour et l'illusion de séparation.

Jésus a fondé une *ecclesia*, mot grec qui signifie littéralement « rassemblement d'êtres dispersés à l'écoute d'un appel d'unité » : venu rassembler l'humanité séparée, il nous invite à mettre l'unité, c'est-à-dire l'amour, dans toutes nos relations.

« Nous avons tous pour mission de laisser passer le divin à travers l'être unique que nous sommes. »

L'amour n'est pas un sentiment : « Dieu est amour », cela veut dire que l'amour est Dieu ; nous pouvons vivre avec la simple intention d'en être traversé comme la lumière se donne à travers le vitrail – manifestant sa beauté unique tout en éclairant l'espace. L'amour, on ne peut le recevoir qu'en le donnant, on ne peut le donner qu'en le recevant. Je peux poser l'intention que l'amour divin me traverse dans toutes mes relations.

L'ego dissimule l'être unique que nous sommes et empêche la lumière de le traverser ; son effondrement est inéluctable (il se produira au plus tard à notre mort). Le Christ propose une voie pour accueillir cet effondrement intérieur en cessant de se vivre comme fondement et origine de tout, pour devenir un être ouvert, conscient et libre de ce qui le traverse.

En réveillant les blessures enfouies, les événements de notre vie sont le point de départ pour y parvenir. Ce n'est que dans le plein accueil des ressentis de son incarnation que l'on peut communiquer avec son désir et être en unité avec soi-même.

Le juste rapport au ressenti ? Lui accorder toute notre attention sans lui donner aucune importance. En général, nous faisons le contraire : nous lui donnons énormément d'importance par peur de souffrir, et dans le but de ressentir le moins possible.

En acceptant de ressentir, nous vivons la présence à soi, qui rend possible la présence à l'autre. Alors, nous prenons conscience de notre unité avec l'humanité : c'est toute l'humanité qui, avec nous, aspire à sa guérison ! Mon pire ennemi désire, comme moi, amour et unité ; c'est pour cela qu'il convient de l'aimer.

« Le divin aspire à descendre dans les entrailles pour illuminer les ténèbres. »

Dans nos moments de ténèbres, nous touchons la dimension des entrailles, le lieu de tout ce qui, dans l'humanité, n'est pas encore pénétré de lumière divine : un lieu sombre, mais rempli d'énergies qui aspirent à Dieu.

Ce n'est pas l'homme qui s'élève vers Dieu ; c'est Dieu qui s'incarne dans la matière, et cela se joue dans notre corps. La conscience humaine est le vecteur du divin, qui veut illuminer jusqu'à nos entrailles. Accepter la descente dans ces nuits profondes, où l'on se sent perdu, exige courage et foi. Alors, en notre corps, lumière et matière s'unissent : résurrection.

La sagesse nous propose de limiter ou d'éteindre notre désir. L'enseignement du Christ est donc plutôt celui d'une folie : non pas éteindre le désir, mais oser désirer à l'infini. En effet, seul l'amour infini peut combler notre désir.

Le Christ nous invite à un retournement (la *metanoia* des Évangiles) : ne plus chercher la satisfaction de notre désir dans les objets finis qui ne sauraient le combler, mais en la source à l'intérieur de nous. Lâcher tous les conditionnements du monde, et laisser le divin nous mettre en mouvement à chaque instant.

Si l'on devait se souvenir constamment d'une seule chose : par moi-même, je suis incapable de vivre le moment présent avec la fécondité que je désire ; mais si je m'ouvre à la grâce, tout est possible ! La grâce, ou l'impasse, à chaque instant.

Les deux derniers livres de Denis Marquet sur « la véritable philosophie du Christ » sont *Osez désirer tout* et *Aimez à l'infini*, publiés aux éditions Flammarion.
www.denismarquet.net

“

Aucune relation
ne pourra jamais
combler notre désir
d’amour infini.

”

– DENIS MARQUET

Épisode

#15

ISABELLE PAILLEAU

Vivre le bonheur, c'est possible !

Isabelle Pailleau est psychologue clinicienne du travail et des apprentissages. Thérapeute familiale, formatrice et fondatrice de la Fabrique à Bonheurs, experte en sketchnoting et auteure de nombreux livres, voyons avec elle s'il existe une recette pour vivre le bonheur XXL ?

J'ai rencontré Isabelle quand elle a coécrit son premier livre sur la pédagogie positive. J'ai été immédiatement séduite par le charisme de sa présence bienveillante et chaleureuse. Un sentiment de sororité est né ! Isabelle Pailleau est une pionnière dans bien des domaines. Une femme à suivre absolument.

« Le bonheur est à travailler,
personne n'est tombé dans la marmite. »

Des études montrent qu'il dépend à 50 % maximum de nos gènes, à 10 % seulement des conditions extérieures et à 40 % de notre manière d'interpréter les choses qui nous arrivent. On peut travailler notre regard en s'attachant notamment à voir ce qui nous arrive de positif, à ressentir l'Amour au sens large et exprimer la gratitude.

D'après les découvertes les plus récentes sur le bonheur, il ne se situe pas tant dans le développement personnel – cultiver mon bonheur avec ce qui ME rend heureux – que dans le développement interpersonnel. Développer des liens de collaboration est primordial. Être en lien avec les autres, avoir un sens de notre utilité et cultiver de belles relations nous rend vraiment heureux. Le bonheur au travail, par exemple, ne signifie pas être copain avec ses collègues mais avoir avec eux une relation de confiance, qui augmente notre niveau de bien-être et de coopération.

Le bonheur, c'est tout simplement d'être en vie ! Être relié à l'instant présent permet de se sentir pleinement exister. On peut atteindre cet état par la respiration, mais pour les gens comme moi qui arrivent difficilement à méditer sans support, je recommande les outils de pensée visuelle comme le sketchnoting. C'est une prise de note à la fois visuelle et textuelle qui ne nécessite aucun talent particulier. Elle permet de libérer sa créativité, de se vider la tête et de se débarrasser d'une surcharge mentale en donnant accès à un état très méditatif. Le corps a aussi son importance : chanter, bouger, danser, marcher… nous rend plus heureux en nous mettant dans une énergie bénéfique. Or quand on arrive à l'école, surtout au CP, on nous apprend à rester assis et utiliser notre cerveau. Mais si le corps n'est pas dans l'action, on se détache d'une grande partie de ce que nous sommes et de nos émotions.

« Il faut arrêter de se couper du formidable potentiel de talents qu'ont nos enfants. »

Je travaille aussi sur l'harmonie en famille et à l'école. Les petits enfants sont si joyeux d'aller à l'école maternelle… puis cette joie s'éteint à partir du primaire ! On voit souvent des enfants tristes et avec une estime d'eux très faible. Notre responsabilité de parents est de changer notre manière de faire.

Un enfant ne peut pas porter seul son changement : les parents jouent un rôle très important pour encourager leurs enfants. La pédagogie positive aide les enfants et leurs parents à dépasser rapidement les problèmes de lien avec les autres à l'école. En regardant son enfant autrement, pas seulement comme un élève, et en mettant en œuvre des outils d'encouragement ludiques et bienveillants, on l'aide à s'élever au lieu de le dévaloriser et de lui faire perdre confiance.

On construit ainsi des gens qui arrivent dans la vie en étant solides et structurés, qui ont envie d'aider les autres. Mère Teresa disait : « Souris au monde et le monde te sourira. »

« Encourager un enfant, c'est lui renvoyer du bon en dehors des acquis et résultats scolaires. »

La survalorisation n'aide pas les enfants car elle donne une estime de soi très faible, comme gonflée à l'hélium. Pour encourager un enfant – en jargon le « renarcissiser » –, il faut mettre l'accent sur des choses réelles. Par exemple, gratifier des enfants sensibles aux autres, joyeux, généreux, aidants... Si on l'évalue uniquement sur des réussites scolaires et du contenu, il aura la sensation de n'être rien s'il ne réussit pas brillamment. Je dis souvent aux parents que je reçois : « Faites attention, la bonne note n'est pas du tout liée au bien-être de votre enfant. »

« Nous avons tous des ressources malgré les difficultés. Nous savons nous relever ! »

La psychologie positive, qui est la science du bonheur, ne consiste pas à essayer de se persuader que tout va bien, mais à se rendre compte que malgré les difficultés et les accidents de la vie, on peut se relever en puisant dans ses ressources internes.

Joie et tristesse ne sont pas antinomiques : on n'est pas continuellement immergé dans un bouillon de tristesse ou dans un bouillon de joie ! La joie est une flamme intérieure que l'on peut activer même lorsque l'on vit des choses tristes. Nous avons la main sur ce qui nous arrive.

Isabelle Pailleau est co-auteure de nombreux livres, dont *Apprendre autrement avec la pédagogie positive*, *Travailler avec le sketchnoting* et *Positive Sketching* (éditions Eyrolles).
www.lafabriqueabonheurs.com

“

Le bonheur est
une recette de cuisine
qu’il faut réaliser
tous les jours.
On va peut-être
rater son plat
une première fois
mais il faut le retenter.

”

– ISABELLE PAILLEAU

Isabelle Pailleau, le bonheur XXL

Notre bonheur dépend à

50 % de nos gènes

10 % de notre environnement

les 40 % restants dépendent de notre aptitude à voir le verre à moitié plein

C'est donc à nous de choisir comment utiliser ces 40 % !

le bonheur, ça se muscle !

en cultivant notre gratitude

en changeant notre regard

en ressentant l'amour au sens large

On peut apprendre à ne pas rester en boucle sur de la noirceur...

Je ne dis pas que c'est facile !

La psychologie positive, ça n'est pas le monde des bisounours !

c'est savoir que malgré les difficultés de la vie...

nous avons en nous les ressources pour nous relever !

ce qui nous rend le plus heureux, c'est d'être en lien avec les autres.

on parle beaucoup de développement personnel...

et c'est bien !

mais nous avons aussi besoin de développement inter-personnel !

Épisode #19

STÉPHANE ALLIX

Nos défunts nous parlent et nous enseignent

Journaliste d'investigation et auteur, Stéphane Allix a fondé l'INREES, l'Institut de Recherche sur les Expériences Extraordinaires. Ces années de recherche l'ont conduit à admettre que la vie après la mort est une hypothèse scientifique rationnelle, basée sur des faits et non des croyances. Dans son livre Après, *il propose justement de découvrir des témoignages de personnes ayant fait l'expérience de formes diverses de communication spontanée après la mort d'un proche. Une enquête troublante sur ce que les défunts nous enseignent depuis l'au-delà. Avec Stéphane, nous sommes depuis longtemps des éditeurs engagés, naviguant dans les mêmes eaux et avec des convictions proches, il me semble. Je suis très admirative de son parcours, de sa rigueur et de ses engagements pour rendre accessibles au grand public de nombreux phénomènes dits « inexpliqués ».*

« Perdre mon frère en 2001 a déclenché mon intérêt pour les questions de la conscience. »

Le sujet de la mort m'obsédait depuis l'enfance, mais traverser ce drame a rendu impératif de trouver des réponses aux questions existentielles que je me posais : que fait-on là et quel est le sens de cette existence, s'il y en a un ? En tant que journaliste, la mort est alors devenue un sujet d'enquête prépondérant. Je ne cherchais pas une consolation, je voulais avoir des réponses : que sait-on de façon certaine et que peut-on objectiver ?

« Ce que l'on prenait pour des certitudes sont en fait des hypothèses qui vacillent. »

Éduqués depuis l'enfance avec l'idée que la science et le monde matériel ont réponse à tout, nous vivons sur le mythe de la certitude. Or la physique quantique nous montre que l'idée même de matière et de réalité s'effondre, et avec elle la certitude que l'on connaît tout l'univers.

Nous sommes dans un changement de paradigme, où toute croyance est remise en question mais n'est remplacée par rien. Nous n'avons pas encore développé une description de la réalité satisfaisante au regard de toutes ces anomalies observées autour de nous, en physique, en biologie et dans d'autres domaines. Cette forme de réalité transparaît aujourd'hui dans notre société et donne intuitivement à beaucoup l'idée que certaines questions ne sont peut-être pas si farfelues que cela.

« Dans ce moment d'ouverture de la société, il y a évidemment des oppositions. »

C'est dans la nature humaine d'avoir des débats sur les questions ayant trait à la définition de la réalité. J'essaye de sortir ce débat sur la réalité immatérielle de l'invisible de l'espace de croyance dans lequel on le cantonne, pour montrer que la science elle-même questionne cette réalité.

Certains scientifiques doutent que le cerveau provoque la conscience et considèrent qu'il est peut-être une sorte de détecteur de la conscience, sans pour autant la fabriquer. Je trouve cela prodigieusement excitant et il me semble essentiel de maintenir le débat ouvert pour remettre en question nos certitudes, tant celles qui concernent l'absence de réalité du monde de l'invisible que les croyances aveugles dans tous ces phénomènes.

« Les expériences liées aux défunts sont plus nombreuses qu'on ne le pense. »

En France, cela concernerait plus d'un quart des personnes en deuil, soit environ 200 000 personnes. De la sensation évanescente que la personne est là à des sensations tactiles de présence, jusqu'à l'apparition de l'être décédé, le spectre est large.

Toutes ces expériences sont subjectives : elles ne sont pas partageables et sont rarement partagées, dans le sens où rarement plusieurs personnes ont la même perception d'un défunt au même moment. Tout cela crée un doute parfaitement légitime : ces expériences sont-elles une forme d'imagination, voire d'hallucination ?

Je ne pense pas qu'on puisse acquérir de certitudes définitives, mais il est primordial de pouvoir au moins en parler et lire d'autres témoignages. La vraie rationalité, c'est de libérer la parole et d'écouter l'extraordinaire, surtout s'il peut apporter une aide dans un moment d'épreuve si douloureux qu'est la mort d'un proche.

« Ces témoignages sont assez rassurants sur la façon dont se dessine l'au-delà. »

Dans l'immense majorité des messages captés, les âmes qui entrent en contact avec les personnes vivantes cherchent à les rassurer et le défunt se montre sous un jour apaisé. Une autre chose ressort vraiment des témoignages : nous sommes entourés et accueillis dans l'au-delà.

J'ai le sentiment que notre vie dépasse très largement le cadre de notre existence terrestre. Quand le corps a cessé de vivre, la notion d'individu à laquelle nous sommes si attachés se désagrège. Seule l'âme reste, cette essence de nous-même qui était à l'intérieur d'un corps. On redevient ainsi quelque chose de plus vaste que celui qu'on a été sur Terre.

Ce monde et notre existence ont un sens, cela transpire à travers tous les témoignages de ce livre ! Les épreuves traversées, vues aujourd'hui comme des choses terribles, sont au contraire des opportunités pour grandir et nous révéler le sens de cette vie. Chaque personne a les outils pour faire face à ce à quoi il va être confronté, la seule nécessité, c'est de parvenir à trouver des moments de calme pour se reconnecter à la personne en nous capable de nous aider dans la situation. Simplement en méditant 15 minutes par jour, on peut tous trouver suffisamment d'éclairage…

Stéphane Allix est notamment l'auteur de *Lorsque j'étais quelqu'un d'autre*, chez Mama Éditions, où il se reconnecte avec une vie antérieure de SS, et *Le test* ainsi que *Après, quand l'au-delà nous fait signe*, aux éditions Albin Michel.
www.inrees.com

“

Seule l’âme reste,
cette essence
de nous-même
qui était à l’intérieur
d’un corps.

”

– STÉPHANE ALLIX

Épisode #25

SAVERIO TOMASELLA

Êtes-vous un·e hypersensible ?

Saverio Tomasella est docteur en psychologie, chercheur et écrivain. Il a créé l'Observatoire sur la sensibilité. Il a écrit de nombreux livres et notamment Hypersensibles, trop sensibles pour être heureux ?. *Quand j'ai rencontré Saverio pour la première fois, j'ai été touchée par son humanité profonde et sa joie. Il m'a aussi permis de me reconnecter avec ma propre sensibilité élevée. J'ai notamment découvert par la suite que j'avais une hypersensibilité auditive. Saverio écrit aussi des romans qui éveillent à cette conscience de notre sensibilité. Un être rare.*

« L'hypersensibilité n'est pas un problème ou une pathologie. »

Elle se manifeste principalement par une grande intensité des sensations, une forte intensité ou variété des émotions, une hyperactivité de la pensée ou par une intuition accrue.

C'est un concept très récent : les premières recherches de la psychologue Elaine Aron sur l'hypersensibilité ont seulement été publiées en 1996. Elle parle d'ailleurs de sensibilité élevée plutôt que d'hypersensibilité et je préfère ce terme, car avec le mot « hypersensible » le risque est de croire que c'est un problème.

« 65 % de sensibles dont 30 % de grands sensibles. »

Il y aurait à peu près 65 % de « personnes sensibles » (dont au moins 30 % de « grands sensibles ») et 35 % de « moins sensibles ». Parmi les grands sensibles, les personnes ultrasensibles se distinguent par une empathie, une intuition et une créativité très fortes.

La sensibilité élevée est complètement paritaire : il y a autant d'hommes que de femmes hautement sensibles. Mais nous sommes encore dans une société machiste où les hommes ont tendance à masquer leur sensibilité, alors que les femmes sont plus décomplexées par rapport à leur grande sensibilité.

« Hyperstimulation et saturation sont caractéristiques des personnes très sensibles. »

Le cerveau des personnes hypersensibles filtre moins les nouvelles et les informations, ce qui provoque une hyperstimulation et donc une saturation.

Le centre de la douleur y est aussi beaucoup plus actif et certaines sensations, qui pour la majorité des personnes ne sont pas douloureuses, deviennent fortement désagréables, voire carrément douloureuses pour les personnes sensibles.

Enfin, les neurones miroirs, qui s'activent quand nous sommes en empathie avec quelqu'un, sont en plus grand nombre, surtout chez les personnes ultrasensibles.

« Jusqu'à sept ans au moins, tous les enfants sont ultrasensibles. »

Guidé par son cerveau émotionnel, l'enfant est hautement sensible par la force des choses, puisque le cerveau rationnel se développe beaucoup plus tard et plus lentement.

Par la suite, certains enfants vont réussir leur suradaptation au monde social en se désensibilisant et en faisant en sorte de s'adapter aux exigences de l'entourage, de la société… et d'autres vont rester hypersensibles.

Puis, en vieillissant, nos défenses sont moins fortes et nous retrouvons cette grande sensibilité de l'enfance.

Aux XVIIe et XVIIIe siècles, exprimer ses émotions montrait que l'on était une personne bien éduquée et cultivée. Aujourd'hui, le monde occidental nous pousse à émousser notre sensibilité pour nous protéger, comme si l'on rajoutait des couches pour se construire une carapace. Les personnes

« insensibles » sont parfois des ultrasensibles qui se sont blindés. L'autre parade la plus fréquente chez les hypersensibles est la suradaptation, mais ils le payent durement ensuite.

J'ai commencé à m'intéresser à cette question d'abord parce que je suis très sensible, mais aussi parce que j'ai eu la chance de faire mes études au lycée musical, où nos après-midis étaient consacrés à la musique et au théâtre. Tous nos professeurs nous encourageaient à exprimer et développer notre sensibilité, alors que l'on nous faisait la demande inverse à la maison ou dans d'autres environnements.

« La suradaptation est une façon de pallier son ultrasensibilité, mais cela a un coût. »

J'ai réalisé que notre société n'aimait pas la sensibilité et que les personnes que l'on traite de « trop sensibles » sont en fait des personnes qui vont bien. Finalement, l'hypersensibilité est-elle une sensibilité au-dessus de la moyenne ou s'agit-il juste de notre belle sensibilité humaine, que l'on peut développer dans d'autres domaines, notamment artistiques ?

La sensibilité est une chance et un potentiel qu'il faut développer. Accepter d'avoir une sensibilité supérieure à la moyenne, c'est opérer un changement de perspective : ce n'est pas moi qui suis « anormal·e » ; si problème il y a, c'est la société qui me demande de cacher ma sensibilité.

Apprendre à vivre ses émotions quand on est hautement sensible revient à surtout ne pas s'adapter ! Nos émotions sont des messagères et nous apportent des informations essentielles sur ce que nous sommes en train de vivre. Quand une émotion se présente, le mieux est de l'accueillir, la laisser s'épanouir et partir. Le cerveau humain est capable de traiter chaque émotion en deux à trois minutes.

Saverio Tomasella a écrit de nombreux livres, essais et romans, notamment *Attention, cœurs fragiles*, paru aux éditions Eyrolles.
www.lasensibilite.com

“

Une grande sensibilité, c’est une autre façon d’être au monde.

”

– SAVERIO TOMASELLA

Saverio Tomasella, Êtes-vous un·e hypersensible ?

Les principales manifestations

sensations de grande intensité

émotions très variées, parfois envahissantes

pensées qui peuvent être nombreuses

intuition développée sur les lieux, les personnes

le monde est de plus en plus dur...

N'est-ce pas la société qui nous pousse à essayer de nous "désensibiliser" ?

Chez des personnes dites "insensibles" sont parfois cachés des ultrasensibles qui se sont blindés.

La suradaptation est une façon de pallier son ultra-sensibilité, mais cela a un coût élevé.

Le cerveau de la personne hyper-sensible a moins de filtres... c'est pour cela qu'elle se sent hyperstimulée.

Épisode #27

MARION BLIQUE

Arrêter les relations toxiques, vivre en harmonie

Installée aux États-Unis, Marion Blique est psychologue clinicienne, spécialiste des troubles de l'attachement. Elle partage les dernières découvertes thérapeutiques à travers sa pratique en cabinet et ses formations en EFT, psychologie énergétique, psychothérapie du lien et neurosciences. Nous explorons avec elle ce qu'est une relation toxique pour apprendre à construire une relation « sécure », dans la stabilité et la confiance.

J'ai connu Marion lorsque je vivais aux États-Unis en 2013. J'ai adoré autant son approche rationnelle et solide de psychologue clinicienne que son ouverture sur toutes les nouvelles approches de la psychologie énergétique. J'ai eu aussi l'honneur de publier deux de ses livres. Elle est toujours là près de moi, comme une veilleuse, une amie précieuse.

« La plupart d'entre nous peuvent très facilement être la proie de relations toxiques. »

On ne réalise pas toujours que l'on est sous l'emprise d'un conjoint, parent ou collègue. Il y a toxicité à chaque fois que l'on ne peut être soi-même ou que l'on est poussé à faire des choses que l'on ne voudrait pas faire. On se retrouve en situation de codépendance.

Les systèmes éducatifs devraient apprendre très tôt aux enfants à faire des choix, gérer les conflits et se connecter avec leurs émotions afin de ressentir leurs besoins, et ainsi mieux se connaître et se respecter. Mais bien souvent, on nous impose conformité, obéissance, voire soumission. On nous dérobe ainsi très tôt notre connexion à notre être profond, notre « self », qui nous sommes vraiment. C'est cela qui crée notre vulnérabilité.

« L'un des grands marqueurs de la relation toxique est une baisse très nette d'énergie et un sentiment de confusion. »

Il y a des pervers narcissiques, mais aussi des manipulations plus subtiles, habituelles dans les milieux toxiques : travail, famille, école. Un abus se met en place insidieusement. La « victime » n'ose pas dire non, se sent peu à peu enfermée, isolée. Un attachement sécure nous protège de ce genre de situation.

« Il existe 4 styles d'attachement : sécure, évitant, fusionnel, chaotique. »

Le cerveau pèse 400 g à la naissance, 1 kg à deux ans et 1,4 kg à l'âge adulte. Tous les circuits neurologiques et synaptiques se créent avant deux ans. Le cerveau se construit au travers de la relation parent-enfant : c'est le lien d'attachement. Le petit humain a besoin d'un autre pour survivre. La relation au parent permet de répondre à tous les besoins physiques et émotionnels de l'enfant au cours de la première année, dont celui essentiel de s'apaiser lorsqu'il est en proie à des ressentis douloureux. Peu à peu, il devient capable de se calmer tout seul.

- Le profil *sécure* est l'aboutissement d'un bon maternage. Regard, reflet, écoute et empathie sont fondamentaux pour que l'enfant soit en confiance et en sécurité avec qui il est, avec l'autre et le monde. Si l'enfant est libre d'explorer, s'il est accueilli, aimé, conforté, compris et écouté, il sera sécure et le restera tout au long de sa vie, sauf si gros trauma.
- Les *évitants* n'ont souvent pas des parents attentifs ni présents. Ayant compris qu'ils doivent se débrouiller seuls, ils se coupent de leurs émotions et sensations pour moins souffrir. La culture française – où les enfants doivent être autonomes trop tôt, sages et obéissants – promeut un attachement évitant (plus souvent des hommes).
- Le *fusionnel* (souvent des femmes) a souffert d'une mère qui ne lui a pas apporté ce dont il avait besoin, ou pas de façon constante. Anxieux de la séparation, l'enfant fusionnel est collé à sa mère pour se rassurer.
- Le *chaotique*, fruit du trauma ou de l'abandon, se met en place lorsqu'un parent se montre sécure à certains moments, mais terrifiant à

d'autres – maladie mentale, addiction ou expérience de vie traumatique. L'enfant recherche le lien avec l'autre, mais celui-ci le terrorise, donc il n'a pas de solution viable. Il fait inconsciemment tout pour gâcher les relations et se retrouver sans cesse abandonné.

« La bonne nouvelle, c'est que l'on peut réparer un attachement non sécure. »

Depuis trente ans existent de nouvelles thérapies permettant de nous libérer de nos traumas et nous offrant aussi des outils de gestion de notre anxiété. Elles reposent sur le rôle essentiel joué par le corps, les émotions, la plasticité du cerveau et les découvertes récentes en neurosciences.

La blessure traumatique est une absurdité du cerveau : penser que quelque chose qui s'est passé autrefois va se répéter aujourd'hui, et donc anticiper des catastrophes. Heureusement, avec les nouvelles thérapies énergétiques, somatiques, on peut effacer les traces traumatiques et réduire l'anxiété nous empêchant d'avoir des liens sereins et solides.

- L'EFT (Emotional Freedom Technique), 14 points d'acupuncture sur lesquels on tapote en parlant de son problème.
- MatrixReimprinting© basée sur l'EFT, qui permet de retourner dans le passé pour nettoyer les traumas et reconstruire une version différente de notre vie.
- L'AEDP (Accelerated Dynamic Experiential Psychotherapy) centrée sur la qualité du lien thérapeutique, afin de réparer, réactiver la capacité de chacun à s'attacher à un autre de manière sécure.

Réparer son lien d'attachement crée de bonnes et solides relations, mais permet aussi d'accroître notre confiance en nous, et donc notre capacité à prendre notre juste place dans le monde. Mon vœu est que l'humanité réalise qu'elle a aujourd'hui les moyens de se libérer de tous ses fardeaux traumatiques pour enfin créer un monde de paix, d'empathie et d'amour.

Marion Blique est l'auteure chez Eyrolles de *J'arrête les relations toxiques, 21 jours pour créer des liens sains et harmonieux* et *J'arrête les croyances limitantes*.
www.marionblique.com ; http://eftpresence.com

“

Il faut que chacun
puisse se sécuriser
lui-même, au lieu
de dépendre d’autrui.

”

– MARION BLIQUE

Épisode #33

MARION THELLIEZ

Se reconnecter à son féminin sacré, cycle féminin

Marion Thelliez est naturopathe et coach. Elle accompagne les femmes dans la voie de l'épanouissement personnel et professionnel. Marion aide les femmes à rayonner pleinement, à travailler avec leur intuition, leurs guides et leur puissance. Pour cela, elle propose des accompagnements individuels et collectifs. Elle a co-créé Moonrise Circle, où elle propose des retraites et des formations en ligne.

Nous parlons ici du féminin sacré et de comprendre le cycle féminin. Un épisode profond et inspirant tant pour les femmes que pour les hommes !

J'aime l'énergie profonde, sauvage et libre de Marion. Nous sommes reliées comme des sœurs d'âme dans l'invisible, même si nous ne nous voyons pas souvent. Une rare sensibilité au vivant transpire de son être lumineux !

« Le masculin, c'est l'action,
le féminin est plus une guidance. »

Il n'est pas évident de définir ce qu'est le féminin, d'autant que cette polarité peut être portée par les hommes comme par les femmes. Mais l'une des particularités de la femme est de passer par différents états, de manière cyclique. Le cycle est essentiel, c'est une porte d'entrée : il nous amène à nous transformer, nous remettre en question, nous demander ce que l'on désire profondément pour notre vie.

En tant que femme, nous passons par trois grandes périodes : la période avant les premières lunes, la période de fertilité puis la période de ménopause. Dans nos cercles de femmes, nous transmettons notamment la notion de cycle de Miranda Gray, l'auteure de *La femme optimale*. Nous expliquons les quatre archétypes par lesquels nous passons : celui de la Jeune Fille au début du cycle, la Mère au moment de l'ovulation, l'Enchanteresse au moment prémenstruel puis la Femme Sage au moment des règles.

Chacun de ces temps est nécessaire et profondément utile pour notre évolution. Tout devient beaucoup plus simple lorsque les femmes ont la connaissance de ce qu'elles traversent. Elles peuvent expliquer à l'autre les phases qu'elles vivent et le fait que cela va passer. Je vis aujourd'hui mes cycles de manière apaisée et m'accorde le droit, par exemple, de me reposer quand je suis fatiguée, sans culpabiliser.

« Chaque phase de notre cycle est optimale pour quelque chose. »

Ainsi, il est beaucoup plus facile de s'effacer pour aider quelqu'un quand nous sommes dans l'archétype de la Mère (période de l'ovulation) que cela ne le serait à n'importe quel autre moment du cycle. Mais si nous étions tout le temps là-dedans, nous aurions tendance à nous oublier, à ne pas être dans l'introspection ni nettoyer notre vie de ce qu'on ne veut plus.

L'Enchanteresse (période prémenstruelle) et la Femme Sage (période menstruelle) nous apportent au contraire des moments de retour à soi. Le monde de la Femme Sage est une phase très méditative qui permet de nous connecter à nos intuitions profondes… si l'on se laisse la possibilité d'être dans le repos, bien sûr. Le temps de l'Enchanteresse, souvent peu apprécié des femmes car elles peuvent ressentir de l'irritabilité, vient pourtant nous dire ce dont on ne veut plus dans notre vie, et nous donne la force de la transformer.

« Dans les cercles, nous aidons les femmes à trouver leur voie. »

Au-delà du cycle et de son acceptation, on expérimente dans nos retraites le fait d'être en contact avec qui nous sommes profondément, grâce notamment au chamanisme et à la médecine de la parole. Quelle est notre essence, notre lumière et que veut-on transmettre dans ce monde ? Nous aidons les femmes à trouver leur propre voie, libérées notamment des stigmates du passé et du transgénérationnel.

Les rituels sont profondément transformateurs mais il ne faut pas s'attendre à du spectaculaire : ils sont souvent très simples ! Ils ouvrent à l'acceptation de notre corps, à la vision générale de nous-mêmes et de nombreux aspects de soi que nous n'avions pas perçus. Dans les voyages chamaniques, par exemple, on va à la rencontre de la petite fille que l'on était ou de la Femme Sage que l'on sera.

Le fait d'être en groupe et de s'accompagner les unes les autres, en se donnant présence et amour, est extrêmement guérissant. La première fois que j'ai ressenti ce qu'était la sororité, cela m'a donné un immense espoir dans le fait de pouvoir continuer à avancer, parce que beaucoup de blessures dans mon parcours avaient été liées à d'autres femmes.

« C'est le dialogue qui va nous transformer profondément. »

Dans nos cercles de parole, nous pratiquons la parole profonde. L'idée est de parler au « je » et ne pas parler de manière théorique ! On parle uniquement de son expérience, de ses émotions, de sa manière de percevoir les choses.

Les personnes en cercle écoutent et pratiquent le non-jugement. Elles sont en connexion avec la personne de cœur à cœur et cela crée un espace d'extrême sécurité. Il y a des règles de base : tout ce qui est dit reste confidentiel et si l'on souhaite partager quelque chose avec celle qui a déposé dans le cercle, on lui demande au préalable la permission d'en reparler. Il y a très peu d'espaces comme cela dans la vie où l'on est profondément écoutée, sans être coupée.

Je rêve de co-animer un cercle avec un homme. Il ne suffit pas de travailler uniquement avec les femmes : nous devons intégrer les hommes. Je leur souhaite de pouvoir expérimenter leur partie émotionnelle et d'exprimer davantage leur *yin*. Avec des programmes comme le Mankind Project (MKP), on sent que cette énergie est réellement en train d'émerger.

Marion Thelliez est l'auteure de *Je me libère du sucre !*, paru chez Eyrolles, et *Les 50 règles d'or de la naturopathie*, chez Larousse.

www.marionthelliez.fr ; www.moonrise-circle.com

“

Le changement
commence
par soi-même !
À partir du moment
où l’on est épanouie
et où l’on peut vivre
pleinement sa mission
de vie, on transmet
sa lumière dans le monde
et l’on peut,
par ce biais-là, le changer.

”

– MARION THELLIEZ

la femme a une nature cyclique

Marion Thelliez,
Femme cyclique

La femme sage a une connexion profonde avec son intuition si elle se laisse la possibilité du repos.

RÈGLES

(phase contemplative)

Chaque phase de notre cycle est optimale, adaptée pour quelque chose. Comprendre nos cycles, c'est se reconnecter à notre intuition, à qui nous sommes vraiment.

L'enchanteresse nous permet de transformer ce dont nous ne voulons plus dans notre vie. C'est un temps pour soi.

(phase créative)

PHASE PRÉ-MENSTRUELLE

PRÉ-OVULATION
(phase dynamique)
Les énergies de la jeune fille sont plus guerrières, plus actives. C'est le moment du printemps, avec beaucoup d'énergie.
(phase expressive)
OVULATION
On ne peut pas toujours être dans cette énergie.
La mère, à l'inverse, nous aide à nous mettre à l'écoute, au service de l'autre.

Épisode #39

VINCENT HOUBA

Ouvrir nos yeux sur l'invisible avec Christiane Singer

Ingénieur architecte, formateur certifié en Communication NonViolente (CNV) et psychoanalyste, Vincent Houba bâtit des ponts entre l'architecture, l'individu et la gouvernance des sociétés. Il explore en profondeur la biologique humaine et accompagne de nombreuses personnes. Dans le sillage de l'amitié qui le liait à l'écrivaine Christiane Singer, nous parlons ici d'ouvrir nos yeux sur l'invisible.

Vincent Houba a ce don inné d'enthousiasmer son entourage par son esprit brillant et clair. Amoureux de la vie, il n'a de cesse d'explorer nos intériorités sans échapper à sa propre humanité. J'apprécie ce philosophe inspiré par la lumière qui, avec le temps, est devenu un ami.

« Nous sommes bien plus agis par l'invisible que par le visible. »

L'homme contemporain se préoccupe essentiellement de la partie visible et « action » de la vie, alors que l'invisible est partout à l'œuvre. Nos actions, nos paroles, sont dirigées par nos blessures d'enfance enfouies et non pacifiées, et nos postures de survie. L'invisible, au travers de notre inconscient, est omniprésent à notre insu, tant dans la sphère personnelle que professionnelle.

Dans l'enfance, si nos besoins fondamentaux d'accueil et d'amour inconditionnels ne sont pas adéquatement nourris, nous ne pouvons pas nous fonder sur notre sécurité intérieure et sommes obligés de chercher des sécurisations énergivores. Notre paix intérieure s'acquiert *via* le témoin particulier qui va nourrir en profondeur notre besoin de reconnaissance.

Si nous n'avons pas cette expérience intime de la relation primordiale, ou seulement partiellement, nous arrivons à l'âge adulte avec ce « besoin en creux », trivialement appelé « manque de reconnaissance ».

« Le "besoin en creux" de reconnaissance est un puits sans fond. »

Il crée des postures récurrentes d'attente inconsciente de reconnaissance, ou une susceptibilité exacerbée aux remarques et critiques, très fréquentes, par exemple au travail. Tant qu'il n'y a pas conscience de ces postures de survie, toute marque de reconnaissance tombera dans un tonneau percé.

L'accès à l'invisible n'est pas toujours à portée de main, mais nous pouvons agir pour lui faire de l'espace et laisser la vie subtile s'inviter à nos côtés. Pour cela, un travail personnel et thérapeutique peut être très aidant, voire bien souvent indispensable.

Si la conscience est primordiale, elle n'est hélas pas suffisante pour la transformation. Tant que nous n'avons pas le mode d'emploi de l'être humain relationnel, nous restons en pilotage automatique et ne pouvons pas rayonner notre être.

« La clé de la vraie transformation, c'est l'accueil. »

La rencontre est le terreau de l'accomplissement de chacun. Christiane Singer l'incarnait à merveille en plongeant en permanence au cœur de la relation, et en ouvrant les bras à la rencontre de l'autre.

Quelles qu'aient été nos épreuves, si nous pouvons bénéficier de l'accueil de ce vécu par un autre être vivant, ce témoin salvateur, nous avons la capacité de rester debout et de traverser. Le traumatisme n'est pas l'épreuve, mais d'être resté seul avec le vécu de cette épreuve.

Après la prise de conscience, et ensuite la transformation, arrive seulement la transmutation possible de l'initiation de mon histoire. Se pourrait-il que mon âme ait choisi ces parents et cette histoire pour me révéler les ressources internes dont j'ai besoin pour œuvrer dans le monde ?

La majorité des problèmes que nous avons aujourd'hui sont ceux de notre enfant intérieur blessé dont les manques et les blessures se réveillent. Seul un témoin bienveillant peut conduire cet enfant à son rythme vers sa paix intérieure et la pacification de son histoire.

Ce retour à l'être ne peut se faire seul. L'accueil de la personne qui choisit d'être là pour nous – le thérapeute en l'occurrence – nous donne les moyens de grandir avec de vraies fondations et ainsi d'incarner une nouvelle posture dans notre relation à l'autre et au monde.

« Le meilleur moyen d'accueillir le subtil : sentir, sentir, ressentir. »

C'est la seule chose à faire pour savoir que faire, disait Christiane. La tête aide à mettre des mots sur les sensations physiques, mais le corps est le guide vers l'impalpable. Il y a différents niveaux de sentir. Le plus courant est le ressenti émotionnel, sans conscience de ce qu'est un état d'être, qui est un ressenti beaucoup plus profond.

Un être incarné, c'est avant tout un être d'amour et de joie inaltérables, venu faire l'expérience de la matière pour transmettre et rayonner ces énergies sur terre. Dans l'incarnation, il y a la relation à l'autre, où l'on rencontre tristesse, colère et peur lorsqu'il y a expérience de la frustration, ingrédient incontournable de l'incarnation.

C'est en faisant corps avec la douleur que nous évitons l'installation de la souffrance. En la traversant, l'alchimie peut alors se produire, et la joie revenir, jusqu'à la prochaine vague. Derrière toute vague, il y a toujours la joie, jusqu'à la dernière !

Je suis sans cesse dans cette quête d'ouvrir mon cœur plus largement et inconditionnellement. Plus je suis à la maison et plus je sens les limites qui sont encore là, et plus j'aspire à ce que mon amour soit sans limites tout en restant incarné !

Plus j'avance, plus je suis en extase devant la complexité et la grandeur du mystère du Vivant. Aller à sa rencontre, c'est vraiment rentrer dans cet espace où tout ce que je sais est balayé. Je suis passé d'une vie où j'ai souscrit des assurances vie à une vie où je n'ai plus d'assurances, mais la seule garantie d'être vivant…

Retrouvez Vincent Houba sur son site : www.architectures-invisibles.com

“

Plus j’apprends
et moins je sais,
plus le mystère
du Vivant est grand
et plus j’y plonge.

”

– VINCENT HOUBA

Épisode #10

CÉLINE TADIOTTO

Le transgénérationnel pour arrêter de subir son passé

Céline Tadiotto rêvait enfant d'être un « docteur qui soigne par les rêves ». Depuis toujours, elle éprouve un intérêt profond pour l'expérience de vie humaine, la métaphysique et notre connexion à la nature. Infirmière d'état, mais aussi naturopathe, elle est également formée à la psychologie universitaire. Thérapeute en psychanalyse transgénérationnelle, elle se passionne pour l'histoire psychocorporelle énergétique et familiale pour enfin se libérer du passé, de ses ancêtres et des répétitions transgénérationnelles ! Des clés essentielles abordées dans son dernier livre J'arrête de subir mon passé. *Céline est une femme d'une intelligence rare avec qui j'ai eu l'occasion de travailler en thérapie transgénérationnelle pendant deux ans. C'est fascinant et intense de partir à la rencontre des fantômes de son passé.*

« Il y a de la guérison à faire de toutes parts. »

L'épigénétique montre qu'on retrouve les traces du vécu d'un individu dans son organisme et dans sa descendance. Notre personnalité est le résultat de l'histoire familiale, du creuset des personnes au milieu desquelles on a été éduqué. J'estime que nous avons à peu près 70 % d'inconscient issu de tout ce qui a été vécu par les uns et les autres.

Se tourner vers le passé permet de vivre un présent nettoyé des encombrements vécus par nos ancêtres. Leurs traumatismes, peines et douleurs attendent d'être guéris et ont besoin qu'on les prenne en conscience pour pouvoir se dissoudre.

« C'est un travail d'enquête personnelle qui peut prendre jusqu'à deux ans. »

Il est parfois préférable de le faire seul mais cela peut aussi se faire en groupe, en couple ou en famille, y compris avec les enfants et les parents. C'est un travail de collecte de fonds de notre mémoire familiale auprès de ceux qui voudront bien parler.

Plus la famille va mal et moins il est facile d'avoir de l'information, auquel cas on va s'appuyer énormément sur les papiers administratifs, les dates de naissance, de conception, de décès, de mariage des individus, et aussi sur les mythes familiaux qui donnent beaucoup d'indications.

On remonte ordinairement trois à cinq générations pour comprendre véritablement comment se sont transmises les éducations, les morales propres à une famille. Nous partons à la recherche de « fantômes », c'est-à-dire des situations et événements douloureux qui n'ont pu être dits, acceptés, pleurés, pensés et qui ont profondément marqué la famille, notamment par le silence. Généralement, nous trouvons un fantôme principal et trois secondaires par arbre.

Une fois pointés les traumas qu'ont pu vivre nos ancêtres et les répétitions identifiées, il est possible de présenter à l'inconscient un processus de guérison par des actes symboliques profondément transformants.

« L'essence de mon travail, c'est l'Amour inconditionnel. »

Bien souvent, on ne souhaite pas mettre à mal ceux du clan auquel on appartient et la crainte de cette blessure entraîne tabous et non-dits. Lorsque l'on met au jour une situation délétère, tout l'écosystème familial s'en trouve perturbé et a besoin de se repositionner. Mais je me suis rendu compte qu'en clarifiant les histoires vécues, on peut renforcer des liens un peu fragiles. J'observe également une plus grande compassion dans les familles. On ne vient pas juger les personnes de notre arbre : on fait vraiment un travail de mise en lumière et de réparation.

Françoise Dolto a beaucoup insisté sur la valeur de la parole qui aide à grandir et devenir une personne saine. Entrer dans une parole guérisseuse et porteuse de sens permet aux individus de notre clan de pouvoir enfin se libérer. Cela est vrai aussi au niveau collectif – dans une société au sens large – pour permettre résilience, réparation et pardon des générations précédentes.

« Ce que j'observe le plus, c'est véritablement une libération des individus. »

Je vois des remaniements de vie, des personnes qui ouvrent de nouvelles portes. Telle une métamorphose, la psychanalyse transgénérationnelle – ou psychogénéalogie – est vraiment une mutation que l'on s'autorise pour faire peau neuve. On laisse derrière soi une ancienne peau pour s'ouvrir à la vie nouvellement.

Pendant des années, je me suis sentie malheureuse et j'avais le sentiment d'appartenir à une famille dysfonctionnelle. Puis, je me suis demandé si nous étions là pour vivre des vies « empoisonnantes » ou s'il était possible d'avoir une vie épanouie, joyeuse et lumineuse… et la réponse est « Oui » !

Ce qui m'anime le plus aujourd'hui, c'est de transmettre cet enseignement au plus grand nombre – parce que c'est vraiment accessible à tous – de la façon la plus simple et la plus claire qui soit. C'est un vrai régal pour moi de pouvoir accompagner les personnes à embellir – enluminer, au sens propre du terme – leur vie.

Le dernier livre de Céline Tadiotto, *J'arrête de subir mon passé*, est paru aux éditions Eyrolles.
www.art-et-energie-de-vie.fr

"

Les loyautés familiales
inconscientes,
c'est en fait
une histoire d'amour
dans les familles.

"

– CÉLINE TADIOTTO

Céline Tadiotto, Le transgénérationnel

Les loyautés inconscientes, c'est avant tout des histoires d'amour au sein d'une famille.

On souhaite soutenir ceux du clan auquel on appartient, même inconsciemment... Pour ce faire, on adopte des comportements qui ne sont pas les nôtres.

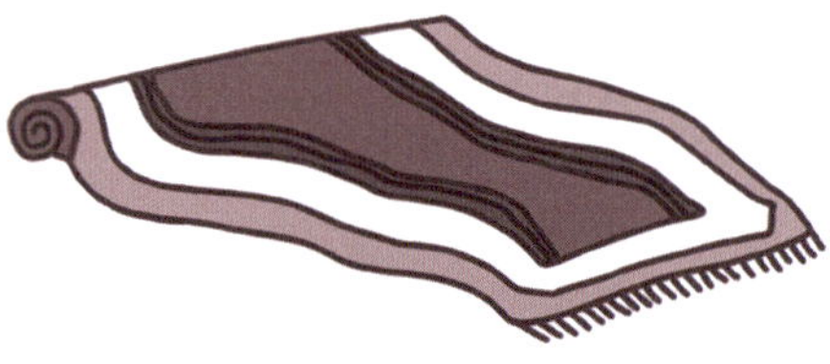

Mais pourquoi aller plonger dans son passé, comment être conscients ?

S'il y a beaucoup de poussière sous le tapis, on peut imaginer que notre vie aujourd'hui est comme une table bancale.

Les mémoires de nos corps sont transgénérationnelles

Épisode

#54

MATTHIEU RICARD

S'émerveiller devant la nature, un chemin de vastitude intérieure

Matthieu Ricard est docteur en génétique cellulaire et le moine bouddhiste certainement le plus célèbre en France, même s'il vit depuis 50 ans dans l'Himalaya. Il est l'interprète français du dalaï-lama depuis 30 ans et photographie les maîtres spirituels, les monastères, l'art et la nature. Auteur de nombreux livres inspirants – de photos mais aussi de philosophie et de sagesse –, nous parlons de son sublime livre sur l'émerveillement. Une conversation profonde qui élargit la conscience. La rencontre avec Matthieu Ricard se fait dans l'appartement parisien de son cousin, féru d'art moderne et le cadre lui sied, même s'il est plus habitué aux vastes étendues de nature qu'il aime tant photographier, en communion avec le silence. Celui que son ami Christophe André qualifie de champion de la sagesse pose sur moi son regard plein d'une joyeuse tendresse. Une rencontre hors norme et régénérante.

« On a tous besoin de davantage de bienveillance et de compassion. »

J'essaie de rendre accessibles à un public occidental les textes bouddhistes traditionnels et les paroles de mes maîtres, ainsi que tous ces outils d'entraînement de l'esprit précieux que le bouddhisme a développé pour cultiver la compassion, la présence attentive, l'équilibre émotionnel… La présence éveillée est une clé de la voie bouddhiste.

À travers la photographie, je partage la beauté intérieure des êtres humains, mais dans ce livre, c'est mon amour inconditionnel pour la part sauvage du monde que j'ai voulu célébrer. L'émerveillement engendre le respect envers la nature sauvage, le respect mène au désir de protéger notre environnement et ce désir mène à l'action.

« L'émerveillement, c'est le contraire de l'épidémie du narcissisme qui prévaut. »

Des études en psychologie expérimentale ont montré que, lorsque les gens ressentent de l'émerveillement, ils sont plus altruistes. L'émerveillement nous fait sortir de nous-mêmes, il immensifie l'esprit et dilate le cœur, et nous emplit de la vaste et émouvante interdépendance des êtres et de la nature. L'émerveillement dissout le sentiment exacerbé de l'importance de soi. Il permet ainsi un sentiment d'appartenance et d'interdépendance, d'où peut naître un sentiment de proximité et de responsabilité universelle – vis-à-vis des plus démunis, des autres espèces, des générations à venir…

L'émerveillement naît dans la fraîcheur du moment présent. C'est un moment de grande gratification intérieure où l'attention est soutenue sans effort. Il ne faut pas vouloir le retenir à tout prix, mais on peut le nourrir et se le remémorer pour retrouver cet état de *flow* où l'on ne s'aperçoit pas du passage du temps. À bien des égards, le contraire de l'émerveillement, c'est le désenchantement, la lourdeur, la dépression, le renfermement sur soi, la rumination.

« Quand on n'a pas accès à cette beauté sublime, on peut essayer de regarder plutôt l'émerveillement intérieur. »

L'émerveillement va de pair avec la liberté intérieure qui est libre, par définition, scintillante et fraîche. Elle n'est plus sous le joug des automatismes mentaux, des phénomènes d'attraction et répulsion, elle est libre des toxines mentales de l'animosité, de la jalousie, de l'arrogance, de l'obsession… Cet état est éminemment émerveillant et presque équivalant à l'émerveillement que nous pouvons ressentir devant un vaste paysage.

« L'émerveillement réenchante le monde. »

Tout ce qui peut aider à empêcher le bavardage mental est libérateur. Ainsi, l'émerveillement qui s'acquiert en marchant dans la nature est un remède à la dépression. L'exposition à la nature est aussi essentielle pour les enfants : elle leur ouvre le cœur et l'esprit, les rend plus créatifs et plus imaginatifs pour résoudre des problèmes.

Les enfants portent un regard plein d'une fraîcheur qui n'est pas prise dans les projections et les surimpositions mentales qui nous font dire « Ça c'est beau », « Ça c'est laid, je n'en veux pas ». Ce sont des fabrications que l'on ajoute à la réalité, qui n'est ni belle ni laide. L'émerveillement ne pose pas d'étiquette, c'est un état très global. On ne dit pas « Je suis émerveillé parce que ceci ou cela » ; on est émerveillé, on ne le fabrique pas !

« Si on sait s'émerveiller, alors tout notre monde change. »

Les personnes blasées sont pauvres intérieurement, du point de vue de l'imagination. Elles n'ont pas cherché le bien-être, le bonheur et l'émerveillement là où ils se trouvent et se complaisent dans des automatismes qui minent plutôt qu'ils nourrissent.

« On peut être pauvre, si l'on sait s'émerveiller, on est riche », écrit le philosophe Bertrand Vergely. Si l'on prend les jouets, par exemple, en Occident les enfants sont blasés avec des jouets très chers alors qu'au Tibet, ils sont absolument aux anges avec une roue et un fil de fer.

Le bonheur n'est pas une succession ininterrompue de sensations plaisantes : ça c'est une recette pour l'épuisement ! C'est une qualité d'être intérieur, une manière d'être qui, contrairement aux plaisirs, se cultive.

Matthieu Ricard est l'auteur de nombreux ouvrages dont *Émerveillement*, un livre de photographies et de textes qui est paru aux éditions de la Martinière. L'intégralité de ses droits d'auteur est reversée à des projets humanitaires en Asie portés par l'association Karuna Shechen qu'il a fondée et qui aide plus de 380 000 personnes par an dans les domaines de la santé, de l'éducation et des services sociaux.

www.matthieuricard.org ; www.karuna-shechen.org

“

L’émerveillement appelle à la célébration et à la réjouissance, et non à l’envie ou à la jalousie.

”

– MATTHIEU RICARD

Épisode #61

LUCILE PAUL-CHEVANCE

L'argent et l'abondance

Lucile Paul-Chevance est une coach internationale et auteure du roman L'Enfant de la source. *Initiée au théâtre et aux techniques de rééquilibrage de l'oreille interne, formée à la PNL et à la Communication NonViolente, elle travaille en Europe, aux États-Unis et en Inde depuis plus de vingt ans. Elle accompagne athlètes, chefs d'entreprise et artistes dans la création, le développement de projets et le dépassement de soi. Son credo : la réalisation plutôt que la réussite. Avec elle, nous allons voir si l'argent fait le bonheur et surtout comprendre notre rapport à l'argent, et comment vivre une vie abondante ! J'ai rencontré Lucile* via *un ami commun qui m'a dit : « Je suis sûr que tu vas l'adorer. » La première fois que nous nous sommes rencontrées, nous avons parlé pendant trois heures et elle est devenue ma coach. Depuis, nous adorons travailler ensemble. Lucile a cette énergie qui déplace des montagnes, avec cette générosité d'être, rivée au cœur.*

« C'est une illusion absolue de croire que plus d'argent apporte plus de bonheur. »

Peu importe leurs revenus, neuf personnes sur dix sont dans une relation de manque par rapport à l'argent. Héritée de la préhistoire, la peur du manque vient de notre cerveau reptilien. Elle est entretenue par la société de consommation, qui nous amène à vouloir toujours plus et à devoir générer davantage d'argent pour accumuler des biens. Or, la plupart du temps, ce que l'on cherche à obtenir de manière matérielle a pour objectif inconscient de combler un manque intérieur. Un achat apporte toujours une satisfaction éphémère.

On s'habitue énormément à ce que nous possédons déjà. Les études disent que l'argent et les biens matériels ne participent qu'à 10 % de notre bonheur. Pour quelqu'un qui a peu de revenus, l'argent apporte évidemment du bonheur en plus, mais à partir d'un certain niveau, il change très peu de choses.

« En général, nous voulons plus d'argent pour obtenir plus de sécurité, de liberté ou affirmer notre valeur sociale. Mais c'est un leurre. »

La liberté est vraiment un sentiment intérieur ! Si vous vous sentez limité, acheter des services qui vous libèrent du temps allégera votre planning, mais ne changera rien à votre sentiment d'enfermement.

Presque tout le monde a de l'affect avec l'argent. Mais les personnes qui le considèrent comme un outil et une énergie ont un rapport beaucoup plus fluide avec lui. L'argent est un moyen d'échange pour obtenir un bien ou un service et non pas une fin en soi.

Dès que l'on associe autre chose que cela à l'argent, cela devient compliqué et limitatif. Quand on veut avoir la finalité de l'argent (plus de confort, plus de bien-être…) mais que le moyen d'y arriver est conditionné par des limitations et des peurs, cela devient laborieux.

« Il peut être intéressant d'aller visiter tous les endroits en nous où nous sommes en restriction. »

Notre relation à l'argent est complètement conditionnée par notre éducation familiale, sociale ou religieuse. Avoir une relation fluide à l'argent implique déjà de prendre conscience que l'on fait certainement partie des neuf personnes sur dix qui éprouvent un manque. Pour beaucoup, il peut ainsi devenir une excellente raison de s'autolimiter, alors qu'on peut réaliser tellement de projets sans apport financier !

Assouplir son rapport à l'argent implique aussi une démarche personnelle pour analyser ses points de restriction, ses blocages et ses peurs. L'argent est un point d'appui énorme donc, dès qu'on le fait bouger, on se retrouve complètement déstabilisé. C'est une profonde remise en question des systèmes de croyance, qui nécessite généralement d'ouvrir de nombreux tiroirs avant d'arriver à la résolution du problème. Ensuite, seulement, on peut passer en phase d'abondance.

La PNL et la méditation, par exemple, sont des outils très efficaces pour identifier nos résistances. L'idéal reste de travailler avec quelqu'un, car il est difficile d'accéder seul à nos schémas inconscients par rapport à l'argent, et de comprendre comment lâcher l'affect avec ce sujet.

À l'inverse, certaines personnes sont dans une quête spirituelle et rejettent complètement le financier. En ce qui me concerne, j'ai compris qu'avoir plus d'argent me permettrait de me payer des stages, des coachs, des thérapeutes, des livres, et que tout cela viendrait appuyer ma quête spirituelle et la connaissance de moi-même.

« Et si je m'amusais avec ma relation à l'argent, que se passerait-il ? »

L'argent est un sujet tellement important que ça vaut le coup de s'en préoccuper et de l'explorer, mais il ne faut surtout pas le prendre comme quelque chose de catastrophique qu'il est nécessaire de décortiquer.

Observer avec bienveillance ce qui se passe à l'intérieur de nous et en faire quelque chose de ludique est une première étape pour que cela ne soit plus un sujet de travail acharné ou d'inquiétude, mais un jeu.

Lucile Paul-Chevance est l'auteure du merveilleux roman *L'Enfant de la source*, paru au Livre de Poche.
www.lucilepaul-chevance.com

“

L’argent est un sujet tellement important que ça vaut vraiment le coup de s’en préoccuper, de l’explorer et de s’amuser avec !

”

– LUCILE PAUL-CHEVANCE

Lucile Paul-Chevance, Argent et abondance

Pour 9 personnes sur 10, la relation à l'argent est teintée de peur et de manque...

Mais notre besoin d'argent est erroné !

Nous croyons que l'argent peut nous apporter

sécurité liberté valeur

Mais cela vient de l'intérieur !

Rien ne sert d'accumuler des centaines de chameaux, on peut apprendre à marcher seul dans le désert comme si on avait déjà 1000 chameaux.

Une fois que c'est intégré, on n'a plus besoin de le matérialiser dehors...

Notre relation à l'argent est conditionnée par celle de nos parents... et par la société.

Se libérer demande de pouvoir accéder à nos schémas inconscients, et c'est difficile seul.

L'argent, c'est un outil, un moyen, une monnaie d'échange... Rien d'autre.
C'est une énergie qui permet de fluidifier la vie.
Lorsqu'il n'y a pas d'enjeu ou d'affect pour obtenir quelque chose, alors c'est plus facile de le matérialiser.

Épisode #65

LUC NICON

Apprendre à réguler ses émotions pour libérer ses peurs

Luc Nicon consacre depuis 25 ans ses recherches aux mécanismes émotionnels. Expert en pédagogie et en communication comportementale, il explique une découverte simple mais révolutionnaire sur notre fonctionnement à travers la régulation émotionnelle. Cette capacité naturelle de régulation serait disponible et utilisable en complète autonomie par tous les humains et très simple à mettre en œuvre lors de la manifestation d'une émotion indésirable. Nous allons parler de libérer nos peurs inconscientes et nos répétitions émotionnelles et enfin « revivre sensoriellement », titre de l'un de ses livres. J'ai rencontré Luc Nicon à Paris dans le cabinet très cosy d'un médecin parisien qui pratique la régulation émotionnelle TIPI, que je rêvais de découvrir depuis des années. Cet homme à la voix de velours m'a envoûtée par son calme et sa paix intérieure. Profondément présent à l'instant. Je recommande mille fois cette méthode de régulation émotionnelle si simple et efficace.

« Nous sommes tous dotés d'une fonction autonome de régulation émotionnelle. »

Mon métier, au départ, c'est l'enseignement. En cherchant comment aider les personnes en blocage d'apprentissage, je me suis aventuré sur le terrain du sensoriel. Un jour, j'ai demandé à une personne vraiment bloquée ce qui se passait dans son corps et elle m'a parlé naturellement des sensations physiques qu'elle ressentait. Au bout d'une trentaine de secondes, elle était complètement relâchée.

En essayant avec d'autres, le résultat était toujours le même : ces personnes pouvaient reprendre le cours de leur apprentissage là où il s'était figé.

Le concept de régulation émotionnelle est né ainsi. L'idée de l'appliquer à d'autres difficultés – phobies, angoisses, paniques, stress du quotidien – est venue bien après. Mais le processus et les effets étaient toujours les mêmes.

La méthode est très simple : vous vous connectez avec vos sensations physiques et les laissez vous traverser en restant spectateur. Elles évoluent d'une manière ou d'une autre, mais cela va toujours très vite, en moyenne 20 secondes. Dès que sa source a été sensoriellement revisitée, la peur disparaît de manière définitive, ainsi que les comportements qu'elle engendrait.

*« Seul le corps sait où ça se passe et nous y conduit.
Il suffit juste d'y prêter attention. »*

Nous avons deux formidables possibilités d'appréhension de nos environnements extérieur et intérieur : le sensoriel et l'intellect ! Il faut utiliser les deux à bon escient, mais on a surdéveloppé l'intellect dans les pays occidentaux et nous devons apprendre à redonner la place qu'il mérite à notre sensoriel.

Lorsque l'on est submergé par une émotion, c'est bien souvent l'intellect qui cherche une solution. La meilleure chose à faire est pourtant de se réfugier à l'intérieur de son émotion. Ce qui nous met en situation de blocage vient de loin de toute façon, et seuls notre corps et nos sensations peuvent nous reconnecter avec notre histoire.

« Une réharmonisation émotionelle peut être très rapide. »

La régulation émotionnelle offre des résultats rapides et spectaculaires pour tout ce qui touche à l'émotionnel, sans hiérarchie entre la petite peur et la grosse angoisse existentielle. On peut la pratiquer en différé ou dans le présent.

Dans l'utilisation en différé, on évoque des situations passées pour les « réchauffer » et leur permettre à nouveau d'exister. En général, on s'attaque aux peurs qui nous encombrent le plus et, en cinq à dix séances de régulation avec un thérapeute, notre vie est déjà transformée.

D'autre part, l'hygiène émotionnelle du quotidien est à la portée de tous, enfants comme adultes, et ne nécessite aucune intervention externe.

Je me suis fixé l'objectif de la partager avec le plus grand nombre, car ce sont toutes les tensions que l'on met dans nos petites activités de la journée qui consomment le plus d'énergie. Avec l'association TIPI, nous formons tous ceux qui le souhaitent à la régulation émotionnelle.

« La bonne voie, c'est de nous libérer de toutes nos peurs pour vivre vraiment notre sensibilité. »

Avant de découvrir cette capacité, j'étais peu présent et vivais toujours dans l'attente de ce qui allait se passer. Je ne m'en rendais pas compte, mais j'étais bourré de peurs. Aujourd'hui, je suis devenu un champion de la présence : je fais les choses en étant là au moment où elles se présentent et j'ai un plaisir immense à les faire. En outre, mes peurs ont fait place à une énorme sensibilité qui n'était pas alors à ma disposition et c'est ça qui me fait vraiment vibrer.

On a tous cette sensibilité en nous, simplement on ne la laisse pas s'exprimer. Pourtant, c'est vraiment ça la vie : ce ne sont pas les grandes choses que l'on surmonte et les grandes victoires que l'on a sur nous-mêmes. Tout cela est vain.

Enlever les peurs ouvre à d'autres espaces du sensible, à la créativité, à la confiance et à la spiritualité aussi, bien sûr. C'est magnifique ! Au lieu de me défendre, je construis des choses pour être mieux avec moi-même et avec les autres. J'entre en connexion avec ce qui m'entoure et surtout avec l'être spirituel et le divin qui est en moi.

Luc Nicon a notamment publié aux éditions Émotion Forte *Revivre sensoriellement* et *Même plus peur*, qui s'adresse aux familles, ainsi que *La révolution TIPI : Régulez vos émotions, dépassez vos blocages*, au Livre de Poche.
Retrouvez toute l'actualité de la régulation émotionnelle sur : www.tipi.org

“

Nous sommes tous dotés d’une fonction autonome de régulation émotionnelle.

”

– LUC NICON

Luc Nicon, la régulation émotionnelle Tipi

Face à une émotion, notre intellect est tenté de fuir, d'oublier.

Il n'y a que notre corps qui sait où ça se passe, quand on accepte de porter attention à nos sensations.

En fait, on peut apprendre à notre intellect qu'il n'a pas besoin de fuir pour être libéré d'une émotion…

Au contraire, la meilleure solution est de se réfugier à l'intérieur de nos sensations.

On peut utiliser la régulation émotionnelle autant pour les petites peurs que les grandes... ou toute autre émotion en général.

Quand la personne se reconnecte à ses sensations, elle les remet en mouvement. Des sensations, des émotions et parfois des souvenirs la traversent. Cela ne dure que quelques instants et le corps se dénoue, se réharmonise.

Nous avons besoin d'une hygiène émotionnelle, pour réguler toutes les tensions de notre quotidien...

Les petites peurs, les stress, les incertitudes qui nous prennent sans cesse de l'énergie et nous épuisent.

Épisode #67

MEENA GOLL COMPAGNON

Se libérer pour libérer le monde

Meena Goll Compagnon est formatrice, auteure et conférencière engagée dans un processus d'éveil de conscience vers la réalisation de l'être. Elle a travaillé comme infirmière en pédopsychiatrie, est psychothérapeute et coach en entreprise. Elle est aussi facilitatrice certifiée et pionnière de la méthode de libération des mémoires cellulaires Access Consciousness.

À 30 ans, sa vie bascule suite à la mort de ses deux enfants. Commence alors un long parcours de deuil et de pardon. Avec elle, nous parlons de se libérer pour libérer le monde. J'ai rencontré Meena il y a 15 ans et ce fut un choc de conscience de croiser la joie et la résilience de cette femme hors du commun. Elle est un vortex de lumière et d'énergie de vie. Partout où elle passe, elle sème. Meena EST. Gratitude immense de connaître cet être inspirant.

« Nous sommes à la fois la clé, la serrure et le verrou de la porte de notre réalisation intérieure. »

La physique quantique nous révèle que tout dans le monde est vibratoire : ce que nous envoyons comme une vibration, nous le recevons sous forme de personnes ou d'événements. Inconsciemment, nous créons absolument tout ! Reprendre la responsabilité de ce qui nous arrive – au lieu de la chercher à l'extérieur – nous donne la clé pour ouvrir la porte fermée par nous-même.

Il n'est pas nécessaire de découvrir la cause initiale des problématiques humaines. Raconter son histoire en thérapie pour essayer de la transformer prend de longues années et chaque fois, c'est comme si on la fixait à nouveau. Et une fois décodée, une autre apparaît ! En travaillant sur l'événement, on arrive à le transformer mais pas la racine mémoire, celle qui continue d'envoyer des vibrations qui créent les événements.

Si l'on travaille au niveau vibratoire, on peut ôter la racine mémoire. De nombreuses thérapies ont émergé avec cet aspect-là, comme la méthode

Access Consciousness que je pratique. Cette approche quantique de libération des mémoires cellulaires fait tomber les points de vue fixes et les auto-jugements au travers d'outils corporels et verbaux.

« Le premier langage n'est pas la parole : c'est le langage énergétique, donc vibratoire. »

Face à quelqu'un, on sait déjà ce qui se passe, comme si nos cellules avaient l'information et reconnaissaient les situations. Nous devons retrouver ce savoir intuitif à l'intérieur de nous, que les enfants ont naturellement et qui n'est pas cognitif, c'est-à-dire alimenté par le mental.

Nos pensées sont une vibration et celle-ci crée le monde. Il y a une magie dans cet univers et je crois que nous sommes le miracle : si nous avons un profond désir de transformation, nous pouvons trouver le processus pour nous élever. Toutes les religions pratiquent les prières, qui ne sont autres qu'une vibration envoyée dans l'univers.

« Le bonheur est quelque chose que l'on choisit. »

Chacun de nous peut oser révéler la joie, qui est notre véritable essence. J'ai compris au moment où je vivais une grande souffrance qu'on pouvait se focaliser sur les choses tristes ou sur ce qui est merveilleux. La première chose à faire, c'est de guérir nos drames intérieurs pour nous en détacher, et ne plus s'identifier aux histoires et drames extérieurs.

Nous ne sommes pas nos tristesses, nos souffrances ou nos colères : c'est une énergie qui nous traverse. La plupart du temps, les souffrances extérieures sont une réactivation de ce que nous portons. En libérant nos mémoires cellulaires, elles n'ont plus de raison de s'activer sous la forme d'événements difficiles.

« La relation est un lieu fabuleux de réveil et de libération de toutes les choses qui sont en nous. »

Tant qu'on ne sort pas du besoin que l'autre guérisse nos blessures, on va automatiquement reproduire. Nos mémoires inconscientes portent l'inconscient collectif et nous amènent à faire des choix de répétition pas nécessairement bons pour nous. Nos pensées, croyances et certitudes sont une vibration qui crée et attire la preuve qu'on a raison de croire ça. Prendre conscience que la plupart de nos actions sont portées par l'inconscient libère une puissance en nous qui ne demande qu'à émerger.

Quand on est blessé dans une relation, la première chose à faire énergétiquement est d'aller dans son chagrin sans lui résister, pour laisser ce qui a été refoulé se transformer à travers notre corps, avec nos émotions, surtout sans l'entretenir par des reproches. La blessure est une opportunité de découvrir que l'on peut se porter à soi-même l'amour que l'on porte aux autres. L'autre n'est qu'un révélateur de la capacité d'aimer que nous avons en nous.

« Il est essentiel que chacun sache combien il est magnifique et mérite d'être aimé ! »

Nous n'avons pas l'habitude de cultiver l'amour et de reconnaître la merveille que sont les autres et nous-même. Nous pensons que cela va rendre les gens arrogants, mais c'est l'inverse ! Quelqu'un qui s'aime et sait qu'il mérite d'être aimé porte une vibration d'enthousiasme et de joie. Seuls les jugements nous empêchent de nous aimer : en faisant tomber tous les points de vue erronés qu'on a accepté de croire, l'amour de soi se libère.

La joie est notre essence naturelle et ne dépend pas des conditions extérieures. Si chaque personne dans ce monde se réveillait comme une fleur qui s'épanouit dans le jardin de la vie, nous pourrions semer des graines pour qu'il soit beau et lumineux.

Meena Goll Compagnon a publié *Apprivoiser le pardon* aux éditions Courrier du Livre, préfacé par Martin Gray.
www.meena-compagnon.com

“

Cette vie, je vais
la quitter un jour,
autant la vivre
pleinement
tant que je suis là !

”

– MEENA GOLL COMPAGNON

Épisode

#73

CAMILLE SFEZ

S'éveiller à la puissance du féminin

Camille Sfez est psychologue clinicienne et formatrice, art-thérapeute et auteure de La Puissance du féminin. *Elle accompagne des femmes en individuel et en groupe dans des cercles depuis 2011. Elle a aussi créé la Tente Rouge de Paris.*

J'ai rencontré l'inspirante Camille Sfez à un festival autour de la sororité il y a une dizaine d'années, et j'ai tout de suite été attirée par son ancrage et sa douce vibration d'écoute. Avec Camille, partons à la découverte de la puissance du féminin en chacun de nous.

« Pour renouer à notre puissance féminine, il faut se reconnecter à notre créativité. »

L'un des aspects de la puissance créatrice des femmes, c'est notre capacité à être des rêveuses, et à faire le lien entre nos rêves et leur manifestation dans la matière. C'est notre habilité à donner corps à l'invisible (les rêves, les visions, les intuitions). Comme quand la femme crée la vie, où l'âme d'un enfant vient s'incarner dans son utérus.

La puissance du féminin, c'est aussi notre aptitude à être en lien avec la polarité féminine à l'intérieur de nous, qui représente notre capacité à faire confiance, accueillir et être relié·e·s à quelque chose qui nous dépasse. Annick de Souzenelle parle du féminin de l'être, cette dimension qui nous relie au mystère des choses, à l'invisible et au divin. En épousant leur féminin intérieur, hommes et femmes peuvent faire des choix et poser des actes qui ne sont pas simplement guidés par leur mental ou ce que la société veut, mais aussi par quelque chose qui les inspire.

La rencontre avec le féminin peut également passer par la reconnexion au monde sensible au travers de notre corps, en passant, par exemple, par le chant, la danse, l'art… Il faut beaucoup d'estime de soi pour donner de la valeur à son corps, rentrer dans l'écoute de ses rythmes et de ses cycles, mais cela donne accès à une énorme réserve de ressources.

« La femme sauvage, c'est la femme créative. C'est celle qui fait des potions magiques ! »

Elle est reliée à la nature, aux autres règnes, au cycle de la lune et au rythme du temps. C'est une boussole qui vibre dans son paysage vivant et son environnement. Grâce à ses ressources, la partie la plus libre de notre être peut prendre les commandes.

Les rituels sont un outil relationnel pour vivre entre femmes et se découvrir. Par leur biais, aider la femme sauvage à se libérer dans des cercles avec d'autres femmes est très fort, car on expérimente le fait que nous sommes toutes reliées. Voir l'énergie de vie et la vitalité de chacune nous reconnecte à la nôtre. Mais il y a aussi beaucoup de blessures à réparer dans cette sororité, comme s'il fallait guérir tous les endroits où les femmes dans notre vie n'ont pas été nos sœurs.

« Dans l'histoire du monde, le féminin est sacré par essence. »

Le féminin sacré évoque pour moi ce temps de l'histoire de l'humanité où le corps des femmes était sacré. Dès la préhistoire, on voit des traces du culte de la Déesse Mère, cette source de vie présente dans chaque chose et gardienne de l'abondance, de la mort, de la résurrection.

Aujourd'hui, quand on parle de féminin sacré, on parle plutôt du travail que les femmes mettent en œuvre pour retrouver leur liberté. Un travail sur les mémoires et sur l'héritage de nos lignées familiales. Un travail de réconciliation intérieure pour sortir de la posture de victime, accepter la dualité et aller vers l'apaisement des conflits, valoriser le *yin* pour équilibrer les polarités.

J'ai commencé mon travail sur le féminin pour explorer une dimension de moi-même qui allait me rendre plus complète, et à laquelle je n'avais pas eu accès dans la société ou dans mon éducation. Pour répondre à la question de ma valeur en tant que femme. Dans cette quête, je me suis rendu compte que la lutte était autant intérieure qu'extérieure et que le bourreau était aussi à l'intérieur de moi. J'ai appris à me pardonner, à pardonner à l'autre et à accepter qui j'étais dans ma dualité.

L'une des premières choses dont je parle aux femmes quand elles viennent dans les cercles, c'est que nous sommes les gardiennes de notre espace sacré. C'est à nous d'en connaître les contours, de savoir comment le protéger et le nourrir, qui on laisse rentrer sur notre territoire et comment on rentre dans l'espace sacré de l'autre. La souveraine, c'est l'archétype de la femme capable d'être en lien et en émotions avec les autres, tout en gardant son territoire et en mettant des limites.

« Avec l'éveil du féminin,
est-il possible de ne pas être en lutte ? »

Je suis sensible au fait de ne pas porter une revendication ! Dans le mot « puissance », on entend souvent « pouvoir » qui est très connoté dans la langue française et implique une idée de domination. Mais se reconnecter à la puissance du féminin, ce n'est pas inverser ou retrouver une forme de domination présente dans le patriarcat. C'est au contraire accéder à la puissance de notre vulnérabilité pour tomber les masques et rayonner, trouver le courage de contacter notre pleine humanité pour laisser émerger quelque chose de plus juste.

Camille Sfez est auteure du livre *La Puissance du féminin*, publié aux éditions Leduc.
www.camillesfez.com

“

Se reconnecter
à la puissance
du féminin,
c’est aussi accéder
à la puissance
de notre vulnérabilité.

”

– CAMILLE SFEZ

Camille Sfez, la puissance du féminin

Nous, les femmes, portons un utérus et avons cette capacité

à donner vie à l'invisible

le Féminin Sacré m'évoque le moment où l'Homme vénérait

la Déesse mère

Une part de nous n'attend que ça, cette Reconnexion à la Nature

Recontacter notre vulnérabilité, c'est renouer avec notre pleine humanité.

Épisode #74

NATACHA CALESTRÉMÉ

Se libérer émotionnellement, la clé de l'énergie

Journaliste spécialisée en santé, romancière et réalisatrice, Natacha Calestrémé a été amenée à interviewer des énergéticiens, chamanes, médiums et magnétiseurs. Après avoir vécu de lourdes épreuves, elle va mettre en pratique leurs techniques et vivre une véritable renaissance. Elle va les transformer en protocoles et transmettre ce savoir lors d'ateliers qui vont connaître le succès, même auprès du corps médical. Trois ans plus tard, elle les rend accessibles dans un livre : La Clé de votre énergie : 22 protocoles pour vous libérer émotionnellement, *paru aux éditions Albin Michel. Elle nous explique comment transcender maladies, épreuves et blocages pour trouver la sérénité. J'ai rencontré Natacha en 2008, alors qu'elle venait de terminer un documentaire sur la disparition des abeilles. J'étais émerveillée par ses multiples talents. Natacha est une femme extraordinaire, d'une immense simplicité. J'en suis fan !*

« Revisiter le passé pour enlever les blocages. »

On le sait, un grand nombre de nos blocages trouvent leur origine dans la petite enfance. Comment se défaire de ces blessures ? Il existe une méthode – que j'ai nommée « protocole 9 » dans *La Clé de votre énergie* – dont le principe repose sur l'utilisation de nos neurones miroirs. Ces neurones très spéciaux ont été mis en évidence par le chercheur Giacomo Rizzolatti de l'université de Parme. Il a démontré que notre cerveau ne fait pas de différence entre ce qui est vécu… et ce qui est *imaginé comme étant réel.*

Nous allons nous servir de cette puissante imagination pour éliminer l'épreuve de notre enfance de notre cerveau. La méthode consiste à revisiter le passé en compagnie de « petit nous » à l'âge de l'événement (6 ans, par exemple) et de « grand nous » aujourd'hui (plus fort grâce à nos ressources actuelles). Notre enfance ainsi embellie cesse de nous entraver et nous arrêtons d'appuyer sur la pédale de frein.

« Prendre conscience des héritages émotionnels de notre famille et s'en libérer. »

L'épigénétique a démontré que les épreuves de nos parents et grands-parents peuvent également générer des tsunamis émotionnels… en nous. En fait, tant que nos aïeux n'ont pas réussi à se libérer de leurs épreuves, celles-ci peuvent impacter notre vie. Savoir si c'est le cas est très simple. Lorsque nous disons « Je ne comprends pas, je fais tout pour gagner de l'argent/avoir un bon travail/tomber amoureux/être reconnu dans ma profession/avoir plus de succès… et rien ne se passe comme je le voudrais », alors il s'agit d'un héritage transgénérationnel.

Dès que l'on y prête attention, les exemples s'imposent : si notre grand-mère a vu son mari partir à la guerre, il est probable qu'elle a vécu de la peur. Si elle a fait une fausse couche, elle a pu la vivre comme une injustice. Si notre oncle a fait faillite, il a pu lui aussi vivre de la peur et de l'injustice. Et si notre père s'est fait voler son héritage par son frère, n'a-t-il pas lui aussi vécu de l'injustice ? Très souvent, cette peur et cette injustice (par exemple) se rejouent en nous.

La prise de conscience de notre blessure et de nos émotions douloureuses constitue un nouveau palier. On s'en libère en nettoyant les liens de souffrance. J'ai réécrit cette technique chamanique et l'ai appelée le « protocole 7 ». Il a changé ma vie, radicalement. Je l'ai fait avec ma grand-mère décédée (qui était dans l'ombre de son mari) et le succès est arrivé. Personne ne peut dire pourquoi ça marche, ni comment ça marche. J'étais moi-même sceptique avant de l'essayer. Mais dès que nous repérons dans notre famille l'émotion qui se rejoue dans notre vie en un cycle infernal, c'est gagné. Un nouveau pas vers notre libération et celle de notre lignée.

« Dans toute épreuve se cache une perte d'énergie. »

Lors d'une interview de Philippe Bobola (docteur en physique, biologiste et chercheur sur le cancer), j'apprends que notre corps est constitué de

99 fois plus d'énergie et d'informations que de matière. Ainsi, le moindre choc perturbe ce stock d'énergie vitale. Si l'on se sent « vidé », « perdu » face à l'attitude violente d'une personne, ou suite aux silences d'une autre, cela signifie que l'on a *perdu* de l'énergie, que l'on se *vide*. Et quels que soit nos efforts, nous n'atteignons pas nos objectifs et nous nous épuisons davantage chaque jour.

Le moyen de récupérer cette énergie est de réaliser un recouvrement d'âme (protocoles 5 et 6 de *La Clé de votre énergie*). En identifiant les répétitions et les personnes liées à nos freins et blocages, on procède étape par étape à une reconstruction sur le plan énergétique. À faire seul et quand c'est le bon moment pour nous. Réaliser les choses soi-même, en parlant à voix haute, c'est comme invoquer le plus grand guérisseur sur Terre.

« Le pardon est l'ultime outil de libération, un fluide de guérison. »

Toutes les épreuves rencontrées sont des répliques de séismes vécus ou de problèmes hérités. Elles permettent à notre âme d'aller dans la bonne direction, en apportant des nutriments pour faire pousser la petite graine de la plante magnifique que notre âme aspire à devenir.

Quand on est dans l'épreuve, pardonner est inenvisageable. Mais un jour, après les protocoles, une fois que l'on a retrouvé toute notre énergie et que l'on s'est libéré de vieilles blessures, on réalise que l'on a cherché des solutions seulement parce que l'on souffrait. Le pardon commence alors à venir en nous et la sérénité avec.

Retrouvez les conseils de Natacha Calestrémé dans *La Clé de votre énergie : 22 protocoles pour vous libérer émotionnellement*, publié aux éditions Albin Michel, et lors de ses ateliers.
www.natachacalestreme.fr

“

Une épreuve qui
se rejoue est souvent
un héritage émotionnel
dont on peut se libérer.

”

– NATACHA CALESTRÉMÉ

Épisode #78

MAUD ANKAOUA

Comment savoir si nous sommes à notre juste place ?

Pour Maud Ankaoua, romancière à succès et coach, l'univers a un plan pour nous et notre seul travail, c'est de lui faire confiance. Mais cette tâche est plus difficile qu'il n'y paraît. Souvent bloqués dans un cycle émotionnel venu du passé, nous résistons au changement et perpétuons des schémas qui nous empêchent d'avancer. Dans son roman paru chez Eyrolles, Respire ! Le Plan est toujours parfait, *Maud Ankaoua nous invite à écouter nos émotions et notre corps pour entendre les messages que notre mental n'arrive pas à nous transmettre. Au fil d'une fiction haletante, elle questionne nos modèles de pensée et leur rôle dans le scénario de notre vie. Un chemin libérateur que nous allons tenter de retracer. Rencontrer Maud, c'est rencontrer l'énergie d'une forme de radicalité bienveillante. Une vie qui bascule pour s'ancrer dans une nouvelle vie au service de soi et des autres. La beauté du* yin *et du* yang *incarnée dans une amazone 2.0.*

« On a tous la faculté de changer notre vision des choses ; ça vient de l'intérieur et non de l'extérieur. »

Aussi lourd que soit notre passé, nous avons tous la capacité de le transformer pour en faire une force et inspirer les autres. 99,9 % de ce qui nous constitue est du vide et, comme nous sommes une grande masse vibratoire d'énergies, nous pouvons tout remodeler à chaque instant. C'est une question de responsabilité et une philosophie de vie, un travail de chaque seconde pour orienter nos pensées et nos ressentis ailleurs que sur ce qui nous fait mal.

Cela ne veut surtout pas dire fuir, mais au contraire écouter ce qui fait mal. Chaque émotion délivre un message précis qu'il suffit d'accueillir ;

pourtant on nous apprend dès l'enfance à la fuir, voire à la rejeter. Une émotion est un courant électrique qui commence par le cerveau et se prolonge dans le corps, par des ressentis corporels. Nous en vivons en moyenne 2000 par jour, elles viennent nous alerter que nous sommes en phase ou pas avec ce que nous vivons.

À partir du moment où l'on comprend que les émotions sont nos alliées – et pas des événements pour nous mettre dans une situation de mal-être et de souffrance –, on peut poser les bonnes actions et immédiatement retrouver la joie, qui est l'état de base de tout être humain.

« La joie ne se vit que dans l'instant présent. »

Pas besoin de changements radicaux ou de partir à l'autre bout du monde pour être heureux. Nous devons simplement prendre conscience et nous éduquer à faire les choses doucement, vivre différemment avec des états de pause. Soyons en gratitude et en conscience de nous sentir en bonne santé et vivants. N'attendons surtout pas d'aller mal !

À force de vivre à cent à l'heure et d'être dans nos pensées, nous ne vivons plus jamais le présent et la possibilité de se connecter à la joie. Nous sommes noyés dans le cerveau alors qu'en réalité, ça se passe dans le corps. Prenons le temps d'écouter et de ressentir ce qui se passe en nous. Quand tout est aligné, que l'on fait ce qui a vraiment du sens et vibre pour nous, alors on peut ressentir cet état de plénitude et cette joie profonde qui n'a rien à voir avec le plaisir. Les émotions et le cœur nous indiquent que l'on est à notre juste place, mais encore faut-il se laisser ce temps chaque jour pour vérifier que ça résonne en nous.

« Le plan est parfait à beaucoup de niveaux… c'est inévitable. »

À chaque fois que l'on se retourne sur son passé, on s'aperçoit avec le recul que tout ce qui nous arrive est placé sur notre chemin pour nous mener exactement à l'endroit où l'on doit être aujourd'hui. Sur l'instant, il est insupportable d'imaginer que les obstacles nous permettent d'être qui nous sommes. Ce sont pourtant des cadeaux, certes mal emballés, mais des cadeaux. De chaque expérience, nous pouvons en tirer l'essence.

Certaines souffrances sont inévitables, mais beaucoup pourraient être évitées si l'on projetait moins de peurs et d'obstacles. Nos croyances nous empêchent d'avancer, pourtant elles ne sont pas réelles et notre carte actuelle du monde n'est visible que par nous. Sans remettre tout en cause, réduire de 1 % nos croyances limitantes permet déjà de changer radicalement de vie ! C'est dans les petites choses que tout devient possible.

J'ai vécu pendant des années dans des certitudes, mais vivre dans l'incertitude est finalement beaucoup plus confortable. Avoir une certaine confiance au-delà de nous permet d'être en paix. Je crois en quelque chose de plus grand, qui a un plan parfait pour nous. Le plan parfait, c'est celui que nous choisissons vraiment de vivre, pour répondre à nos propres besoins et non aux attentes des autres !

« Passez commande et vous serez servis…
mais passez commande. »

On a le droit de demander autre chose que ce que l'on vit ! Mais il faut avoir cette foi profonde que les choses vont arriver et changer. Quand on passe commande en étant vraiment aligné avec soi-même, le plat arrive toujours !

Si vous vous reconnectez complètement avec votre cœur et ce que vous êtes profondément, naturellement vous réussirez, quoi qu'il arrive. Je ne dis pas que ce sera facile, mais réussir c'est se relever une fois de plus que d'être tombé. Et quand on a une motivation profonde, tout est possible.

Après un premier roman initiatique, *Kilomètre zéro : le chemin du bonheur*, Maud Ankaoua a publié son dernier roman *Respire. Le plan est toujours parfait*, tous deux aux éditions Eyrolles.

www.maud-ankaoua.com ; www.kmz.fr

“

Il y a un plan à notre vie et il est toujours parfait.

”

– MAUD ANKAOUA

Épisode #92

LÉONARD ANTHONY

Se libérer de la fatigue, profiter de la vie

Léonard Anthony est éditeur et spécialiste de l'hypnose, il a collaboré avec François Roustang. Il est l'auteur du livre Fatigue, et si on apprenait vraiment à se reposer ?, *paru aux éditions Flammarion. Ce spécialiste du surmenage fait le lien entre l'épuisement physique et la fatigue psychique aussi appelée « stress ». Lorsque l'on est stressé, rien ne sert de vouloir se reposer à tout prix. Un seul remède : changer en profondeur ses croyances et repenser ses habitudes de vie. Rencontrer Léonard, c'est être en lien avec une énergie puissante et sage qui réconforte le cœur et l'esprit. Sa voix de velours est aussi capable de vous emmener dans les profondeurs de votre être pour renaître à soi. Une vraie rencontre joyeuse et sincère.*

« La fatigue – ou l'asthénie – toucherait 10 à 15 % des hommes et 20 % des femmes. »

Fatigue mentale et physiologique interagissent en permanence. La plainte « Je suis fatigué » revient sous des formes différentes qui soulignent plusieurs types d'épuisement.

Celui lié à notre activité professionnelle – *burn-in*, l'état précurseur du *burn-out*, mais aussi *bore-out*, une fatigue liée à l'ennui qui touche de plus en plus de personnes. Celui lié à la solitude – dans un monde qui paradoxalement communique de plus en plus – ou celui lié au sommeil lui-même – quand on ne dort pas assez, trop ou mal. Rien ne sert de dormir plus quand on est stressé : la tension que nous emportons au lit déteint sur la qualité de notre sommeil et nous en sortons davantage épuisés.

Les objets numériques sont une source d'épuisement à plus d'un titre. Je conseille de désactiver toutes les notifications et de ne surtout pas regarder son téléphone avant de se coucher, pour éviter d'être pris dans un maelström de mauvaises nouvelles. Je parle ici de «*fatigue du désastre*». Être connectés en permanence à l'actualité nous amène à une empathie collective, par ailleurs contreproductive, avec toute la souffrance du monde. Ce lien inadéquat finit très souvent par atteindre notre équilibre nerveux.

L'épuisement familial revient régulièrement, dans lequel il y a une notion sacrificielle. On s'épuise à vouloir faire plaisir à l'autre (conjoint, enfants, parents) en s'oubliant au passage et on développe – de manière consciente ou inconsciente – une forme d'amertume qui nous enferme dans une plainte et cultive l'épuisement. Pour nourrir la relation à l'autre et se libérer de la fatigue, j'invite à développer une forme d'égoïsme positif, en réintégrant des valeurs essentielles pour exister au cœur d'une écologie humaine juste et équilibrée.

Enfin, il existe une bonne fatigue, liée à l'activité physique, qu'il faut savoir cultiver car elle soulage la mauvaise fatigue.

« Le repos remet l'imaginaire en mouvement, c'est le moment où tout peut arriver. »

Le corps est un point de passage de nos idées. Je prône les pauses et les siestes, car j'ai constaté que se reposer, c'est déposer une partie de soi pour s'ouvrir «au créatif». Donc, être plus productif et *in fine* plus épanoui.

Beaucoup de gens ont une relation complexe à leur sommeil. Certains n'osent pas faire la sieste, même s'ils en ont le temps. Pourtant, le sommeil est un moment de vie, pas un moment d'absence. Dormir, ce n'est pas mourir un peu, c'est vivre encore plus.

Métaphoriquement, le sommeil est en quelque sorte un organe à part entière, au sens où il participe au fonctionnement de l'individu et l'on peut agir sur son bon fonctionnement. Si on se repose à certains moments de la journée, l'organe du sommeil est plus disponible pour nous accueillir quand on va se coucher.

« Réapprendre à ralentir, c'est la porte d'entrée dans le faire rien. »

Dans une société qui souffre de l'accélération permanente, il est complexe de ne rien faire, ou plutôt ne faire rien – agir au cœur du rien. C'est pourtant une disposition naturelle avec laquelle nous pouvons renouer de nombreuses façons : méditation, art martial, promenade… L'idéal, c'est d'explorer sa solitude progressivement : c'est par un processus que les choses peuvent être justes. Et le chemin compte tout autant que l'objectif.

Il y a une vraie confusion aujourd'hui entre bien-être et bien aller. On s'épuise à trop essayer d'être bien. Au lieu de se plier à des injonctions, on peut construire une écologie personnelle en privilégiant ce qui nous fait du bien, installer un moment où l'on coupe toutes les infos pour entrer en relation avec soi-même, sans affirmer d'objectif.

Inévitablement, nous allons être de plus en plus connectés et devrons apprendre à trouver la bonne relation à la technologie pour ne pas dénaturer ce qu'il reste de l'être humain relié à l'existence et à la vie. Ne faire rien, c'est entrer dans un monde où tout communique, où les perceptions sont des vecteurs d'où peuvent jaillir des solutions sans avoir à les chercher.

« La fatigue est une amie qui vous veut du bien. Faites-en une alliée ! »

Plutôt que de l'ignorer ou d'essayer de s'en débarrasser, nous pouvons en faire une rampe d'accès pour modifier notre relation avec l'espace-temps dans lequel nous évoluons. En acceptant un autre rapport à la fatigue, nous accédons à une autre écologie du vivant.

À force d'explorer une temporalité où je me mets à disposition de tout ce qui existe, j'entends la résonance de ma propre existence avec la globalité du monde. Renouer avec le vivant, se relier à ce qui nous maintient en vie, permet de se sentir à sa place. Plus nous entrons dans cette relation, moins nous acceptons ce qui n'est pas acceptable, et ce, sans le moindre effort.

Léonard Anthony est l'auteur de *Fatigue, et si on apprenait vraiment à se reposer ?* mais aussi de *Qu'est-ce que l'hypnose de François Roustang ?*, parus chez Flammarion/Versilio.
www.leonardanthony.net

“

Plus on fait de la fatigue
une alliée et plus
on se met à vivre.

”

– LÉONARD ANTHONY

Épisode

#94

LILI BARBERY-COULON

Se réconcilier avec soi

Ancienne journaliste devenue professeure de Kundalini yoga, Lili Barbery-Coulon a décidé de s'accepter pleinement. Et ça a changé sa vie. Elle raconte sa métamorphose intérieure dans La réconciliation. De la haine du corps à l'amour de soi, *paru aux éditions Marabout. Ce livre autobiographique est ponctué d'interviews clés qui accompagnent le lecteur dans son propre voyage spirituel. Ce qui me touche chez Lili, c'est sa capacité à renouer avec son authenticité profonde et devenir une ressource pour inspirer des milliers de personnes à travers ses partages sur les réseaux sociaux, et les méditations guidées qu'elle propose. Un phare dans la nuit.*

« Je me suis réparée à travers le corps. »

J'ai longtemps lutté avec mon corps, sans connaître de moments de repos. J'avais plutôt confiance en moi sur le plan intellectuel et pensais que ce n'était pas si important de se détester physiquement. J'ai été sidérée quand une thérapeute m'a diagnostiqué des troubles du comportement alimentaire ! Grâce au travail qu'on a entrepris, j'ai pensé m'être libérée de tout ça. Mais avec les attentats de 2015, c'est revenu me surprendre comme une lame de fond. J'étais asphyxiée, fissurée. J'avais perdu l'espoir de me libérer de ce symptôme.

Le déclic s'est passé le jour où j'ai décidé de le dire publiquement. Alors que je n'avais jamais rien partagé de personnel sur mon blog, j'ai écrit un article où j'ai raconté comment je me suis disputée avec mon corps. J'ai reçu en retour des centaines d'e-mails de personnes qui se haïssaient physiquement. Habitée par de fortes valeurs féministes, je me suis dit qu'on ne pouvait pas se libérer si on ne se libérait pas d'abord de cette haine du corps ! Je me suis alors réparée à travers lui :

en essayant de l'aimer un peu plus, j'ai commencé à avoir plus d'estime pour moi-même.

« Quand on demande du soutien, on le reçoit. »

Quand on choisit vraiment le chemin de la guérison, il n'y a plus rien qui puisse nous arrêter et on rencontre des anges sur notre chemin ! Pour moi, l'un d'eux a été le chef breton Olivier Roellinger. Tout jeune, il a été violemment agressé et a passé plusieurs années à se réparer.

Lorsqu'il m'a raconté cette histoire, il a ajouté : « Vous allez me prendre pour un dingue, mais je crois qu'au fond j'ai eu beaucoup de chance. » Réussir à aimer la vie à ce point quand il nous est arrivé un drame pareil, c'est tellement inspirant ! Cet homme vibre la vie et m'a donné envie d'arrêter de me plaindre, et de me mettre sur ce chemin d'amour.

« La méditation est l'un des outils qui m'aident le plus au quotidien. »

Je médite pour ralentir et me reconnecter à moi. Quand on est privé de distractions qui nous permettent d'éviter de ressentir, on est obligé d'aller regarder à l'intérieur de soi. Pour pouvoir traverser avec grâce les périodes difficiles, l'amour de Soi est une clé.

Il faut considérer son corps comme un temple, car dans ce temple naît l'amour pour soi. Si je lui donne du bon et de l'amour, je fais rayonner cet amour autour de moi. Se masser le corps, par exemple, peut être une forme de réconciliation et de gratitude envers soi.

« Ma rencontre avec le Kundalini yoga a vraiment participé à un éveil de conscience fort. »

Lors de mon premier cours, il s'est passé quelque chose d'extraordinaire. Je n'ai pensé à rien, je me sentais invincible et ne voulais plus perdre cette sensation magique d'une sécurité intérieure que je n'avais jamais contactée. Rapidement, j'y suis allée tous les jours. Et pour lier mon goût du cartésien à ce qui se passait sur le plan spirituel, je n'ai plus cessé d'apprendre sur ce yoga, les neurosciences…

Le Kundalini yoga utilise une énergie stockée dans le triangle inférieur du corps, qu'on utilise tous les jours pour nos fonctions vitales et qui est en général mobilisée surtout par les instincts d'ordre animal. Dans nos sociétés, on l'utilise plutôt pour se mettre en colère, mais cette énergie est rarement mobilisée vers le triangle supérieur du corps, pour nourrir notre créativité, notre intuition et surtout nous connecter avec ce qu'on appelle le Soi supérieur.

« Le Soi supérieur est disponible en permanence, nous pouvons nous y connecter. »

Le Kundalini nous permet de nous connecter à un étage au-dessus du mental : la conscience. La pratique commence toujours par un peu de *pranayama*, des techniques de respiration pour équilibrer les polarités dans le corps. Puis on fait des mouvements assez endurants avec les bras et les jambes pour ouvrir l'espace du cœur et se préparer à méditer. Enfin, on médite en chantant un mantra plutôt que de méditer en pleine conscience. On se rend tout de suite compte du bienfait de ces affirmations positives, qui nous recadrent sur le chemin de l'amour de soi.

Le Kundalini n'est pas un yoga acrobatique et il permet d'accueillir des personnes de tout âge. Mais il peut faire un peu peur : on parle souvent de l'éveil de Kundalini – une sorte de décharge vibratoire qu'on peut ressentir dans le corps – et il y a beaucoup de fantasmes autour de ça. Ce qui est sûr, c'est que c'est un yoga puissant et énergétique, qui n'est pas fait pour tout le monde. On ne peut pas, par exemple, sauter l'étape de la relaxation : il faut rester allongé au moins dix minutes pour laisser l'énergie se répartir là où elle a besoin d'aller.

Lili Barbery-Coulon a publié *La réconciliation. De la haine du corps à l'amour de soi* ainsi que *Pimp my breakfast*, tous deux aux éditions Marabout.
www.lilibarbery.com ; @lilibarbery

“

Le Soi supérieur
est disponible
en permanence,
nous pouvons
nous y connecter.

”

– LILI BARBERY-COULON

Épisode #99

ANNICK DE SOUZENELLE

Va vers toi !

Annick de Souzenelle est théologienne orthodoxe, écrivaine, auteure d'ouvrages de spiritualité, psychanalyste analytique d'inspiration jungienne et grande spécialiste du symbolisme des lettres hébraïques. Avec une sagesse visionnaire, elle nous invite à aller vers soi pour comprendre la racine de nos blessures et vivre notre nécessaire mutation.

J'ai découvert Annick de Souzenelle grâce à mes parents qui l'avaient rencontrée et avaient été éblouis par son être rayonnant. Certaines personnes bouleversent votre vie par leur message et leur capacité à mêler joie, érudition et éveil. Pour moi, elle est une prophétesse *au sens grec du terme. Le mot est fort ET au féminin, je le choisis et l'assume en conscience !*

« Il est temps que nous cessions ce jeu qui conduit à la mort. »

Nous contournons sans cesse les lois ontologiques. Nous essayons, par exemple, de devenir maîtres de la matière. Mais en trafiquant le corps de l'homme par le biais d'une technologie toujours plus pointue, nous trafiquons le corps divin et cela se retourne contre nous.

Quand on abat le mur de soutènement, il ne faut pas s'étonner que la maison s'écroule. Nous avons transgressé les lois divines et vivons aujourd'hui avec cette pandémie de Covid quelque chose de très grave, un empêchement divin pour ne pas aller plus loin dans notre folie.

Cela ressemble de manière très archétypale aux plaies d'Égypte, dans la mesure où elles préparent la sortie de l'esclavage. C'est pour être guéris que ces maux nous sont envoyés car lorsque nous mourons, nous mutons et pouvons entrer dans la lumière.

« Au moment de la mort, nous naissons à un autre monde, toutes les traditions le disent. »

On a toujours vu la mort comme une punition, associée à la peur du jugement. Or nous sommes devant un Dieu d'Amour, qui accueille l'être tel qu'il est. Si nous opérions un retournement pour entrer dans un rapport au Dieu qui nous aime, nous n'aurions plus peur. En effet, nous recevrons toute l'aide nécessaire. Tel l'hébreu quittant l'esclavage de l'Égypte, nous devons passer par le désert pour trouver la nourriture divine.

La figure de l'ange, c'est celle du compagnon. Les mondes angéliques incarnent les lois divines qui nous prennent par la main pour nous conduire dans notre chemin intérieur. La montée de l'échelle des mondes angéliques devrait être le programme de toute notre vie. Au fur et à mesure que nous montons cette échelle, nous acquérons l'énergie de ces êtres de lumière.

« Nous avons à retourner à l'intérieur de nous pour entrer en résonnance avec le monde divin. »

Nous vivons les premières contractions d'un nouveau monde. Au lieu de rester à l'horizontal dans des contradictions et des guerres fratricides, nous sommes aujourd'hui dans une obligation de nous verticaliser, dans le sens de la profondeur de l'être, ou de mourir d'une mort tragique.

La parole de Jésus la plus sage pour nous accompagner à l'heure actuelle c'est : « Va vers toi. » Elle nous invite à entrer dans notre monde intérieur, à nous tourner vers le Seigneur qui nous attend à l'intérieur de nous.

Toutes les sagesses du monde invitent l'homme à cette intériorisation. Tout invite à la méditation, à être à l'écoute d'un monde tout à fait nouveau à l'intérieur de nous. Aller vers soi, c'est pénétrer le féminin de notre être pour aller chercher tout notre potentiel. Et faire un travail sur nos animaux intérieurs (le lion de l'orgueil, la vipère de la médisance…) pour pouvoir accomplir ce potentiel.

Prendre ce chemin, c'est accéder à une joie incroyable et à un autre monde où l'on ne peut plus avoir peur. Mais il faut pour cela atteindre un lâcher-prise total, opérer un retournement énorme, ce que les hébreux appellent la « *techouva* ».

« Ce n'est que dans l'épreuve que l'homme peut grandir. »

J'ai écrit un livre sur l'initiation avec l'éthologue et philosophe Pierre-Yves Albrecht. Les rituels sont des organisations de vie qui permettent ces épreuves. Les initiations qui existaient autrefois et existent encore en Afrique, en Inde ou ailleurs sont une vieille sagesse du monde qui n'a pas été oubliée chez ces peuples. Ils savent que vaincre ces épreuves permet de trouver à l'intérieur d'eux un « plus être », une dimension qu'ils ne soupçonnaient pas.

« La maladie qui est la nôtre aujourd'hui est de puissance divine. »

Le virus est fait pour nous faire grandir. En l'appelant « Covid-19 », nous avons nommé « *Qof* » – la 19e lettre de l'alphabet hébreu qui est divine – et le « *kaved* » – qui signifie « puissance ». Telle l'échelle qui relie Jacob à son seigneur, la lettre *Qof* est comme un cordon ombilical entre le Seigneur et l'homme, entre le monde d'en haut et le monde d'en bas.

Au deuxième jour de la genèse, les eaux d'en haut (le monde divin) et les eaux d'en bas (le monde humain) sont séparées. Semblable à un arbre planté à la rupture entre les eaux, l'humanité a puisé par ses racines dans les profondeurs de la Terre aujourd'hui épuisée. Elle est appelée de toute urgence à se tourner vers le ciel pour puiser dans les richesses divines.

Annick de Souzenelle est notamment l'auteure aux Éditions du Relié du livre *Le grand Retournement*, et chez Albin Michel de *Symbolisme du corps humain*, *La Parole au cœur du corps*, *L'Égypte intérieure*, *Le Féminin de l'être* et *Va vers toi*.

“

Nous avons à retourner
à l’intérieur de nous
pour entrer
en résonnance
avec le monde divin.

”

– ANNICK DE SOUZENELLE

Épisode #100

LAURENT GOUNELLE ET CHRISTOPHE ANDRÉ

Vivre sa métamorphose

Pour le 100e podcast de Métamorphose, *j'ai reçu Laurent Gounelle et Christophe André ! L'un est un lumineux romancier qui éveille nos consciences à travers ses livres profonds et éclairants. L'autre un inspirant médecin-psychiatre et écrivain, pionnier de la méditation en pleine conscience et l'un des meilleurs spécialistes français de la psychologie des émotions. Avec eux, sortons de nos chrysalides pour vivre nos métamorphoses et « mettre nos âmes dans la bonne direction » ! Ces deux hommes sont comme des amis-mentors pour moi.*

J'ai eu la joie de les interviewer l'un et l'autre depuis les débuts du magazine FemininBio et, depuis, nous cheminons ensemble au gré de nos projets et cycles de vie. J'ai un profond respect pour leur authenticité, leur sobriété et leur éclairante simplicité malgré leurs succès. Deux hommes remarquables. Cet échange, pour le 100e épisode de Métamorphose, *en plein confinement, était enthousiasmant.*

« Nos croyances ont un pouvoir transformateur sur le monde qui nous entoure. » Christophe André

Christophe André La résilience est une capacité à résister à l'adversité ET à se reconstruire, en recréant des liens et en ayant de nouveau confiance dans la vie, ce qui la différencie de la simple résistance. Dans l'enfance, tant la maltraitance que la surprotection affaiblissent la résilience. Il ne faut donc pas trop aplanir la route devant les pas de nos enfants ou leur masquer les choses compliquées, notamment la mort, car c'est la possibilité d'avoir rencontré une adversité relative qui les prépare le mieux à la résilience.

Nos sociétés sont de plus en plus *parentalisantes* et nous protègent jusqu'à l'infantilisation. En Occident, nous tournons le dos à la mort au lieu d'y penser davantage pour nous tourner vers la vie avec plus d'intelligence.

Laurent Gounelle D'une certaine façon, l'épreuve et l'insécurité nous permettent de grandir. À toutes les époques et dans toutes les cultures, les êtres humains ont inventé des rites initiatiques. Relever les difficultés tous ensemble pour surmonter l'épreuve aide vraiment à évoluer en tant qu'être humain.

« Nous sommes nombreux à aspirer à un saut de conscience. » Laurent Gounelle

Laurent Gounelle Grâce à cette crise, on prend conscience de l'utilité de chacun dans la société et cela renforce les liens qui existent entre nous.

Christophe André Beaucoup ont redécouvert à quel point rester en lien les uns avec les autres est précieux. Comme le dit ce proverbe africain : *« Tout seul on va plus vite, mais ensemble on va plus loin. »*

Christophe André Nos croyances ont un pouvoir transformateur sur le monde qui nous entoure. Certains changements se font en douceur mais d'autres nécessitent parfois des à-coups violents. Il ne nous suffit malheureusement pas de savoir que ça existe : il faut souvent qu'on soit éprouvé pour prendre conscience.

Laurent Gounelle En faisant voler toutes nos habitudes en éclats, cette pandémie nous oblige à revoir notre hiérarchie des critères, et à nous poser des questions sur ce qu'on veut de la vie, à titre personnel et collectif. Elle a exercé un éveil de conscience des conséquences de nos actions. Pour qu'il se propage au point d'engendrer un saut de conscience, il faut que nous soyons reliés les uns aux autres.

« Il faut s'employer à ce que le changement entrevu dans le chaos de la crise se transforme peu à peu en nouvelle réalité. » Christophe André

Christophe André C'est à chacun·e de faire sa part, en espérant que l'on va atteindre la masse critique de citoyen·ne·s motivé·e·s. Comme une répétition générale avant la grande catastrophe, cette crise met nos âmes dans la bonne direction. On sait maintenant ce qu'il nous reste à faire, mais allons-nous le faire ? Après la secousse, il faut le travail de fourmi, les initiatives individuelles de ceux qui veulent bouger favorablement pour montrer la direction par leur manière de vivre.

Laurent Gounelle À l'opposé de notre mode de vie, les Amérindiens sont très attachés à préserver au maximum les harmonies. J'espère que l'on va prendre conscience que nous ne sommes qu'un élément de la biosphère et revenir à notre place pour laisser la nature s'exprimer librement, sans vouloir à tout prix la contrôler. Notre défi aujourd'hui est de rétablir les équilibres que nous avons détruits, afin de connaître une vie harmonieuse et heureuse sur Terre.

Christophe André La nature nous apaise émotionnellement, stimule notre créativité et améliore notre immunité. Comme la marche et la nature, le travail sur la respiration nous montre que les choses les plus simples sont souvent les plus puissantes. Le simple fait de prendre conscience que notre corps respire et de suivre ses mouvements respiratoires a un effet instantanément apaisant, d'où découle peu à peu une meilleure capacité de discernement pour mieux décoder ce qui se passe en nous.

« En créant du vide, le confinement invite à une vie intérieure que l'on n'a peut-être pas développée avant. » Laurent Gounelle

Christophe André Privés de nos agitations habituelles, il nous faut réinventer la manière d'occuper le temps. La vie intérieure est fondamentale pour opérer un travail d'équilibrage intérieur, mais doit rester un détour et surtout pas un séjour permanent. Ce sont les allers-retours incessants entre le monde et notre vie intérieure qui la rendent intéressante, parce qu'elle est un lieu différent de ce que nous avons été amenés à vivre. Si je ne prends pas le temps de faire ce travail d'assimilation du réel, je ne reçois que les informations brutes et ne fais pas mon nectar de ce que j'ai vécu.

Christophe André a publié de nombreux best-sellers dont *Le temps de méditer*. Il a publié *Ces liens qui nous font vivre*, avec Rebecca Shankland chez Odile Jacob et co-écrit récemment avec Matthieu Ricard et Alexandre Jollien *À nous la liberté* et *Abécédaire de la Sagesse*, parus aux éditions L'Iconoclaste/Allary Éditions.

www.christopheandre.com

Laurent Gounelle est l'auteur de nombreux romans best-sellers comme *L'homme qui voulait être heureux* ou *Je te promets la liberté*, mais aussi un livre plus personnel sur l'art, co-écrit avec Camille Told, *L'art vous le rend bien*, tous publiés chez Calmann-Lévy.

www.laurentgounelle.com

“

Nos croyances ont un pouvoir transformateur sur le monde qui nous entoure.

”

– CHRISTOPHE ANDRÉ

“

Le vide est bénéfique parce qu’il invite à l’introspection.

”

– LAURENT GOUNELLE

Épisode #103

MARIE-PIERRE DILLENSEGER

Oser s'accomplir et s'incarner pour être soi avec la pensée chinoise

S'accomplir, être soi, qu'est-ce que cela signifie? Dans un monde de plus en plus pressé et pressant, on reçoit toute sorte d'injonctions dont une en particulier: sois toi-même. Mais qui sommes-nous réellement? Praticienne d'arts chinois comme le Feng Shui, le Yi Jing ou l'énergétique, la lumineuse Marie-Pierre Dillenseger nous propose dans son livre, paru chez Mama Éditions, d'« Oser s'accomplir: 12 clés pour être soi ». Une recherche de notre être authentique pour comprendre qui nous sommes réellement.

J'ai rencontré Marie-Pierre Dillenseger grâce à Stéphane Allix qui me l'avait très chaleureusement recommandée pour un thème. Je n'ai pas été déçue du voyage! Quelle pertinence et quelle chaleureuse humanité dans cet être joyeux. Pour moi, Marie-Pierre est une sorte de fée ou de druidesse moderne au service du collectif, un astre dans la nuit.

« L'incarnation n'est pas que la naissance. C'est avant tout se déployer et être soi. »

La vie est un chemin qui nous amène, par les écueils que l'on rencontre parfois, à découvrir des forces ou des aspects de nous-mêmes qui autrement auraient pu rester cachés. La souffrance est au service d'une ouverture d'âme, d'une incarnation plus consciente.

Pour s'accomplir, nous devons parvenir à être le plus alignés ou en cohérence possible avec les forces vives qui nous constituent, quand bien même les codes sociaux ou les habitudes des autres cherchent à nous empêcher d'affirmer notre vitalité. Dévier, reculer ou rechuter n'est pas grave, pourvu qu'on continue à viser un objectif qui nous rapproche de nous-mêmes dès qu'on en a de nouveau la force. L'alignement survient après la prise de conscience de ce qui nous met en résonance avec nous-mêmes.

« La vie est une initiation et nous avons des vies successives dans cette vie-ci. »

Prendre régulièrement le pouls de notre énergie vitale – quelles sont les situations qui me pompent et celles qui me font du bien – est capital pour aller graduellement vers des postures plus vertueuses. Tant que nous ne sommes pas en conscience de ce qui alimente nos forces profondes, le risque est de s'affaiblir dans la distraction ou la non-vigilance aux signes et aux obstacles.

Si l'on arrive à lire les signes et changer de posture, on peut faire autrement dans la phase suivante et éviter les échecs à répétition. Ce qui m'épate toujours, c'est la possibilité, dans des situations même extrêmes, de trouver le tout petit peu de lumière qui va quand même permettre de passer le cap.

« 25 ans de pratique m'ont permis d'identifier 12 postures essentielles. »

Plus nous nous laissons guider par ces 12 recommandations (cohérence, alignement, présence, une chose à la fois, une place pour chaque chose, le plein, le vide, perfection, créer du flux, inné et acquis, autonomie, accepter l'aide du ciel), moins il y a de risque de fuite énergétique.

J'ai développé des exercices au service de leur mise en place, dont les effets s'installeront sur la durée. Seule la répétition régulière permet de maintenir l'état d'éveil : un tout petit peu chaque jour et vous commencerez à voir des choses que vous ne voyiez plus.

Nous nous donnons toutes les raisons du monde de faire l'inventaire de tout ce qui ne va pas encore ; or cette posture nous entraîne du côté d'une surproductivité, insatisfaction et inaptitude à repérer ce qui fonctionne déjà bien.

La gratitude est l'autre face de l'insatisfaction. Il me semble plus utile de lister tout ce qui a fonctionné en se couchant le soir ! On récupère alors une perspective plus juste quant à la qualité de notre quotidien, pour faire de la place au meilleur comme au moins bon, sans nous vautrer dans la douleur.

« Créer du vide est une bonne façon de visualiser une issue positive. »

On peut alors entrer en vibration avec son corps, entendre notamment ce qu'il nous dit sur ce qui nous fait vibrer. Nous devons remuscler notre capacité d'écoute et d'attention aux signes envoyés par l'univers, faire confiance à notre boussole interne au lieu de laisser la tête prendre le dessus et mettre en place ce que l'instinct nous dit, pour faire le plus d'activités et de choix possibles en cohérence avec l'être que nous sommes. Les techniques chinoises peuvent aider à nous reconnecter et à lire les signes.

Notre langage corporel forge qui nous sommes. Le mouvement est la condition *sine qua non* du déploiement de force : la vie est du côté de ce qui circule, de la complémentarité des forces *yin* et *yang*. Quand nous ressassons, ou sommes dans un mouvement difficile, il y a bien souvent un vrai effort à faire. Celui-ci consiste à bouger, surtout pas à passer par la tête !

« Il est urgent de tirer les fils d'autres possibles de nos vies. »

La résignation est dangereuse pour notre longévité, puisque c'est accepter que notre vitalité se réduise comme peau de chagrin. Centrons-nous au contraire, résolument, tous les jours, sur ce qui nous fait du bien, pour être absolument connectés avec ce qui nous permet de respirer pleinement. Le bon et la fluidité viennent à la rencontre de ceux qui sont capables de nourrir leur âme d'une multitude de petites choses, de rassembler tous les jours de tout petits cailloux qui font sourire.

Le véritable alignement se produit quand le travail d'une personne rencontre un environnement favorisant et un moment opportun. Lorsque l'individu, l'espace et le temporel sont réunis, c'est presque magique !

Marie-Pierre Dillenseger est l'auteure de *La voie du Feng Shui : chevaucher le temps, apprivoiser l'espace, prendre sa place* publié aux éditions Dunod, de *Oser s'accomplir : 12 clés pour être soi* et de *Debout : la force de s'incarner*, chez Mama Éditions.

www.powerspaces.com

“

Apprenons à remercier plus qu’on ne le fait, chaque jour où tout va bien et pour ce que nous avons.

”

– MARIE-PIERRE DILLENSEGER

Épisode #104

MALEK BOUKERCHI

Aller au bout de ses rêves, dépasser ses peurs !

On a tous des rêves. Lorsqu'on les confie pour la première fois, ils paraissent loin ; puis on les planifie et ils ont l'air plus concrets ; ils s'incarnent, et on les touche du doigt, c'est la jouissance ou une déception. Malek Boukerchi est allé au bout de ses idées folles. À la fois conteur, poète et ultra-marathonien, cet athlète de l'extrême est un spécialiste des courses les plus difficiles du monde. Il n'était pourtant pas sportif professionnel mais rêvait de se dépasser et il l'a fait. Avec lui, nous discutons d'espérance, d'endurance et de transcender les limites du possible. Rencontrer Malek, c'est l'expérience de l'être d'exception, du sage incarné. Peu de personnes laissent dans leur sillage une empreinte aussi puissante et délicate… Avec lui, le verbe se fait chair dans toute sa splendeur… les mots, nectars des enchanteurs !

« Tout est possible. Personne n'est programmé. »

Mon seul mot d'ordre : l'audace ! Voir le possible là où les autres voient l'impossible est une raison d'être pour moi. Sénèque disait : « Ce n'est pas parce que les choses sont difficiles que nous n'osons pas, c'est parce que nous n'osons pas que les choses sont difficiles. »

Je cours toujours pour des causes qui me subliment et je veux montrer que tout un chacun est capable d'aller au-delà du réel, à partir du moment où il est animé par cette inexorable force du dedans et la quête de sens.

Être ultra-marathonien n'est que l'une de mes casquettes identitaires. Elle me permet de développer des qualités remarquables de patience et de persévérance. Et surtout, d'avoir un prétexte pour aller à la rencontre des gens et partager. Grâce au conte, je me détache de l'autorécit au profit du métarécit, car dans les grandes histoires, il y a une narration du visible et de l'invisible.

« La force du dedans n'est rien sans la force du dehors. »

Nous avons tous besoin de rencontrer des gens qui croient en nous. Lorsque l'on parle de nos rêves, on trouve deux espèces : les « enténébreurs » – qui feront tout pour briser l'élan du dedans avec leurs mots poisons et la fameuse question « À quoi ça sert ? » – et les « enchanteurs », qui vont tout faire pour nous permettre d'aller au-delà de l'impossible avec leurs mots nectars. J'ai fait le choix d'aller vers les enchanteurs.

En cultivant les « 3 T », on est capable de voyager vite, loin et fort. On a tous un Talent à aller chercher pour vivre notre vie de manière dense et intense. Mais le talent n'est rien sans le Travail ! Nous sommes des diamants bruts qui demandent à être polis et le goût de l'effort est fondamental pour magnifier ce talent. Pour finir, le travail n'est rien sans la Ténacité, qui transforme l'impossible en possible, le possible en probable et le probable en réalité.

« Un être qui habite son corps est l'hôte de l'univers tout entier : partout où il se trouve, il se sent bien ! »

Le corps est un ancrage, une assise pour l'esprit. C'est la plus belle machine qu'on ait jamais créée et le sport est un moyen d'honorer ce corps magique ! Notre premier moyen de transport – j'entends par là « transe » et « sport » –, c'est notre corps.

S'il y a bien une certitude dans notre vie, c'est la mort. Entre l'indicible de la naissance et l'impossible de la destination, il y a un espace à vivre et il faut le vivre pleinement. À chacun de trouver sa transe, mais il y a toujours moyen d'exalter cette vie qui nous est donnée. Avec la course à pied, je magnifie constamment le réel.

« L'ultra-marathon me permet de traverser les territoires de façon extrêmement sensible. »

En tutoyant la mort, on touche à la dimension du vertige. On fait des chevauchées fantastiques dans les endroits les plus fascinants : les déserts. Tout s'use, mais le désert est un asile pour le corps, une patrie pour l'esprit.

Le silence est un processus de transformation fondamental, une langue extraordinaire en ces temps de cacophonie généralisée. Une parole sensée ne vient qu'après le silence. Et la course est un moyen d'aller rechercher la symphonie de l'essentiel : le silence de la contemplation. Il me permet de transformer ensuite les mots de façon juste.

« En courant, l'état émotionnel permet d'embrasser l'étrangeté de cette vie qui nous est donnée. »

Dans l'ultra-marathon de l'extrême, on passe par tous les états émotionnels. On franchit des frontières, surtout des frontières invisibles.

La douleur, notamment, y est obligatoire, mais la souffrance est optionnelle. L'enjeu est d'accueillir la douleur physique, localisée, sans la laisser se transformer en une souffrance psychique, globale. Pourquoi se focaliser sur le genou qui fait mal quand tout le reste du corps va bien ? Un peu à l'image de la vie : nous avons cette capacité à transformer le négatif en positif, les blocages en opportunités, les énigmes en apprentissages, à être dans un processus de métamorphose positive joyeuse.

Là où il y a de la douleur, il y a aussi de la joie et de l'amour ! Le premier enseignement est de s'aimer soi-même, pour pouvoir aimer et résonner avec les autres. Cette résonance démarre par notre capacité à aimer notre corps, pour prendre rendez-vous avec notre guide intérieur. Il permet les métamorphoses, transforme les interdits en permission, donne le sésame pour ouvrir la caverne d'Ali Baba que nous sommes. De là, on peut aller avec les autres, avec tous les autres, le prochain ou le lointain.

Malek Boukerchi est l'auteur, notamment, de *Il était une fois en Antarctique : du rêve au dépassement de soi*, paru aux éditions First et *Contes à gratter pour découvrir la richesse de la vie*, aux éditions Jouvence.

“

Tout est possible dans la mesure où l’on cultive une qualité essentielle : l’enthousiasme !

”

– MALEK BOUKERCHI

Malek Boukerchi, L'Aventurier

Le sport est une manière d'honorer son corps, qui est magique !

Un être qui habite son corps est l'hôte de l'univers tout entier. Partout il se sent bien.

S'aimer soi-même, c'est la clé de tout enseignement.

Le corps ne ment pas.
La tête, oui, quand nous manquons d'ancrage.

En ultra-marathon, on marche, on court. C'est le plus vieux sport de l'Humanité.

Je me sens relié à mes racines, à tous mes ancêtres.

Avant de traverser un territoire, je demande l'autorisation aux forces invisibles. Je chante pour les honorer.

quand tu as un rêve, tu as besoin des autres, tu en parles aux proches...
Mais Malek, à quoi ça sert ?
Ceux-là, je les appelle les "enténébreurs" ; ils ont des mots-poisons et feront tout pour briser cet élan du dedans.
Wow, vas-y, essaye ! Je peux t'aider ? Tu as besoin de quoi ?
Ils sont là, les "enchanteurs" qui vont te tendre la main et croire en ton talent... On n'a qu'une seule vie, il faut savoir la sublimer.

Épisode #115

FLORENCE SERVAN-SCHREIBER

Écrire pour s'épanouir et kiffer !

Florence Servan-Schreiber est auteure de livres best-sellers et reine française du kif ! Elle se définit comme une élève qui partage avec nous ses explorations. Son interprétation nous aide à arrêter de nous prendre la tête pour avancer dans la joie. Dans son livre Bloum ! *publié aux éditions Marabout, elle nous confie que : « Mieux se connaître serait notre destination et le véhicule en serait l'écriture. » Elle nous embarque dans un voyage où l'écriture intime devient thérapeutique et ultrabienfaisante. J'ai adoré connaître Florence, son humour pince-sans-rire et sa légendaire verve percutante. J'ai suivi ses leçons de bonheur avec ma bande d'amis et, depuis, elle fait kiffer toute notre grande famille grâce à ses recettes de gratitude que nous appliquons très régulièrement (et religieusement !). On a dû le lui dire mille fois, mais Florence, je te kiffe sincèrement.*

« Plus qu'une compétence, la créativité est un état d'esprit, une façon de se placer dans le monde. »

C'est accepter de faire n'importe quoi, de s'affranchir de règles. S'autoriser à occuper un petit peu la place qu'on a envie d'occuper, comme on a envie de l'occuper. Plus on se préoccupe de ce que pensent les autres, moins on pourra fabriquer quoi que ce soit.

On parle souvent de l'angoisse de la page blanche. Eh bien, il suffit de faire une croix dessus, au sens propre, et elle devient moins taboue ! Et puisqu'il est difficile de se motiver seul, rien ne nous empêche de participer à un atelier d'écriture ou de composer un petit groupe avec des gens que l'on connaît. Il devient plus facile de s'y mettre en étant redevable de quelque chose et en se laissant porter par un groupe, y compris d'anonymes.

« Par l'écriture, nous guérissons. »

Peu importe qu'elle soit graphique ou sur ordinateur, l'écriture permet l'épanouissement. Par un processus de synthétisation entre le cerveau et la main, nous opérons un travail de simplification et d'épuration qui donne du sens à ce que nous ressentons et traversons. Pour écrire une phrase, nous avons besoin de la comprendre. Pour la comprendre, il faut l'avoir formulée. Et pour l'avoir formulée, il faut avoir rangé ses idées.

Il y a différents types d'écriture, qui produisent différents effets. Tel un exutoire, l'écriture intime, par exemple, permet d'être qui et comme nous sommes à 100 %, avec nos contradictions, nos répétitions, nos inquiétudes, notre honte… Le fait de n'être lue par personne est précisément ce qui lui donne de la valeur. Véritable coffre-fort de notre intérieur, c'est un endroit complètement protégé, disponible et infini.

Certaines écritures, comme l'écriture expressive, ont un objectif vraiment thérapeutique. Celle-ci consiste à écrire trois jours de suite à propos du même sujet, de préférence déplaisant ou traumatisant et dont on n'a jamais – ou très peu – parlé. Cette forme d'écriture permet de dépasser des situations difficiles de notre existence : traumatisme d'enfance, perte d'un emploi, fin d'une relation, anxiété avant des examens…

« Tenir un journal a une vraie fonction d'accompagnement de soi. »

On y consigne nos difficultés mais aussi toutes les merveilles que nous vivons. Tel le Petit Poucet, nous posons des petits cailloux qui permettront de retrouver notre chemin. En relisant, on se voit avancer… ou parfois stagner, voire régresser ! Aucune copine ne nous connaît aussi bien qu'un journal pour nous rappeler qui nous sommes.

Je tiens moi-même un journal depuis dix ans et j'y ai trouvé tous les bienfaits que je décris dans mon livre : mémoire, compréhension, souvenirs, exutoire… Alors, j'ai continué. Mais il est indéniable que pour commencer il faut se mettre un petit coup de pied au cul ! Et une fois qu'on s'y est frotté, on y revient si l'on en ressent suffisamment les bénéfices.

« Les instants de nos vies où nous sommes le plus heureux sont ceux où nous sommes complètement à ce que nous faisons. »

Lorsque l'on perd la notion de soi, on peut rentrer dans le *flow* et s'offrir une tranche de bien-être qui passe en un claquement de doigts. C'est seulement en essayant que l'on peut commencer à éprouver la fluidité que l'écriture va nous procurer.

Parce qu'elle demande un effort, elle a un pouvoir quasi méditatif. La partie du cerveau qui fabrique des mots a besoin d'être complètement concentrée, et permet ainsi à la voix que nous écoutons de s'apaiser, pour nous libérer des préoccupations de notre quotidien.

« Écrire est une façon de se raccorder plus légèrement à la réalité. »

Soyons clairs : la réalité est trop dure ! Mais lorsque l'on raconte ce que l'on a vécu, on a déjà fait un pas de côté. Aucun journal ne reflète la réalité : il reflète NOTRE réalité ! Être ainsi connectés à ce vers quoi on va nous rend créatifs et spirituels.

En ce qui me concerne, je me sers souvent de l'écriture pour canaliser ma colère : plutôt que de m'en prendre aux gens qui vivent avec moi, j'ai pris l'habitude de coucher ces situations-là sur le papier, au moins une fois par semaine. Cela me permet évidemment d'avoir des relations plus saines et agréables avec les gens autour de moi.

Florence Servan-Schreiber est l'auteure de *Bloum !*, *3 kifs par jour*, *Power Patate* et *Dîner de Kifs*, publiés aux éditions Marabout.
www.florenceservanschreiber.com

“

Écrire, c’est comme un soin invisible qui débute au moment où l’on commence le texte.

”

– FLORENCE SERVAN-SCHREIBER

Épisode #118

OLIVIER LOMBARD

Vaincre le *burn-out*, retrouver le Moi profond

À trop vouloir bien faire, comme Icare, on se brûle les ailes ? Nous voulons aller toujours plus loin, plus vite, plus intensément et nous nous épuisons bien souvent jusqu'au burn-out. *Olivier Lombard est kiné, ostéopathe et spécialiste en posturologie, biokinergie et médecine chinoise. Il a vécu trois* burn-out *et l'a expérimenté aussi à travers ses patients. Nous parlons avec lui de comment revenir à notre Moi le plus profond pour éviter le* burn-out, *ce qu'il nomme « le Complexe d'Icare », titre de son livre aux éditions Flammarion. J'ai rencontré Olivier Lombard lors d'une consultation en ostéopathie il y a quelques années et il m'a remise sur pied de manière spectaculaire. Nous avons cette connexion particulière des Bretons. Une lignée de druidesses et de druides certainement en commun !*

« Le burn-out *est une catastrophe énergétique qui atteint l'être humain jusqu'au plan cellulaire. »*

36 % des Français déclarent avoir eu un *burn-out*. Il ne s'agit pas d'une dépression mais d'une combustion : le *burn-outé* a subi depuis des années un stress permanent qui a épuisé toutes ses ressources jusqu'à le consumer. En apparence, il ne montre rien, mais les dégâts à l'intérieur sont considérables.

Il y a deux phases dans un *burn-out*. La phase de *burn* est une surchauffe cérébrale, un feu qui s'emballe, où la machine à penser devient infernale. Sa durée dépend des disponibilités de ressources énergétiques de chacun.

La phase de *out*, quant à elle, ne prévient pas. Devant notre refus d'entendre les appels, le cerveau archaïque – qui gère notre état de survie – prend les rênes et coupe tous les systèmes psychocorporels. Le principe du *burn-out* décrit classiquement, c'est un matin où vous ne vous levez pas, car vous êtes littéralement à terre.

Le profil de base est bilieux : hyperscrupuleux, perfectionniste, il se pose des questions sans arrêt et veut toujours faire mieux… quelqu'un qui se fait de la bile, donc ! Ce sont généralement des gens qui ne se sentent pas légitimes et ont une estime d'eux nulle, voire négative. Il y a souvent un vide intérieur ou une telle mésestime de soi, qu'on vit pour l'autre.

Les hypersensibles – 15 à 20 % de la population et probablement 20 à 30 % dans les jeunes générations – sont particulièrement concernés. Ayant énormément de mal à s'incarner sur cette Terre, la vie est vraiment un souci pour eux et ils s'oublient souvent dans le travail.

« Tout écosystème – dont nous – doit répondre à une loi biologique, qui est un équilibre dynamique. »

Mon livre est construit sur le Tao, la philosophie à la base de la pensée chinoise selon laquelle il y a une écologie du système qui passe par une solidarité totale entre l'homme et l'univers.

Pour être en bonne santé, un écosystème doit avoir une alternance dynamique entre le *yang*, le feu, et le *yin*, l'eau, donc le refroidissement. Le *yin* est la polarité féminine, une énergie montante qui vient de la terre. Le *yang* la polarité masculine, dont l'énergie est descendante. Entre les deux, il y a une marée énergétique.

Un excès de *yang*, une hyperactivité permanente, mène au *burn-out*. Le foie, organe *yang* en médecine chinoise, travaille trop et alimente le questionnement permanent de la tête en le faisant monter par les méridiens. Les thérapies alternatives – acupuncture, réflexologie plantaire ou médecine chinoise entre autres – peuvent aider à faire baisser l'énergie du foie pour faire monter celle des reins, qui puisent la ressource dans la terre, l'énergie *yin*.

« Une verticalité se fait sur une assise sacrée. »

Sacré vient de « sacrum », le centre énergétique du corps en médecine chinoise. Peu connu, cet os situé au niveau du pli interfessier est structurellement la base de la colonne vertébrale et aussi, symboliquement, notre base, notre assise.

Chez les Anciens, on l'offrait aux dieux parce que c'est le seul os qui résiste au feu et à la dégénérescence quand on meurt. Il représente la valeur que l'on se donne, celle qu'on doit venir retrouver, l'essence de pourquoi on est venu sur cette Terre.

Si vous ne remettez pas d'aplomb l'énergie sacrée, la base, vous vous laisserez entraîner à nouveau dans des excès de déséquilibre, et votre verticalité penchera de plus en plus.

« La vie est un chemin de conscientisation. »

À notre époque, un certain niveau de connaissance de soi devient nécessaire. Savoir comment l'on fonctionne est aussi la clé pour prévenir le *burn-out*, en se questionnant sur ce après quoi l'on court, ainsi que sur ses valeurs sacrées, son écologie humaine, ce que l'on accepte de faire.

Quand on a passé la phase 2 du *burn-out*, un travail thérapeutique sur soi devient nécessaire. Pour ma part, l'accompagnement d'un psychiatre m'a permis de comprendre la raison de cette non-écologie de moi.

« 2020 est à mon avis le point de non-retour d'un changement de paradigme. »

Le coronavirus nous montre la course en avant dans laquelle nous sommes, c'est le mur. Jusqu'aux années 2000, on pouvait vivre en courant comme des fous, mais on sentait bien que ce changement montait en puissance. Nous savons maintenant que le niveau énergétique et vibratoire de la Terre a énormément monté ces dernières années, et nous ne pouvons plus accepter ce que l'on acceptait il y a dix ans.

Les jeunes de 25 ans nous disent : « Nous ne voulons pas de la façon dont vous avez vécu ! Nous cherchons une qualité de vie, qui passera par nous, notre écologie intérieure, nos valeurs sacrées en écoutant justement à quoi résonne le corps. »

Olivier Lombard a écrit *Le Complexe d'Icare*, paru aux éditions Flammarion.

“

Le *burn-out*
est un problème
énergétique : il faut
le prendre par ce côté
pour le comprendre.

”

– OLIVIER LOMBARD

Épisode

#119

FLORENCE BORY

L'Ego Conscient grâce au Dialogue Intérieur

Florence Bory est une psychologue formée aussi à l'hypnose clinique et transpersonnelle, certifiée en Voice Dialogue (le Dialogue Intérieur), en EFT et clinicienne en cohérence cardiaque. Elle aime les histoires de vie qui ont été pour elle source de richesse et d'apprentissage. Nous allons explorer comment nous ouvrir à notre vulnérabilité pour aimer les parties de nous qui se cachent et que nous renions, et ainsi nous éveiller à l'Ego Conscient à travers la voie du Dialogue Intérieur, initié par les chercheurs américains Sidra et Hal Stone. Lorsque j'ai rencontré Florence pour la première fois, nous avons tout de suite senti que nous étions reliées dans l'invisible. Une complicité évidente s'est établie. Quelle joie de cheminer avec des sœurs d'âme !

« L'humain met en place des co-personnalités principalement pour se faire accepter. »

En Voice Dialogue, on considère que la personnalité humaine est constituée d'une variété de co-personnalités qui se développent en fonction des expériences de chacun. Ce sont des structures psychiques mises en place dès le plus jeune âge, d'abord pour pouvoir être accueillis par nos parents, puis acceptés par nos pairs. Selon les individus, elles s'incarnent sur un plan énergétique de manière très variable.

On peut les classer en deux catégories : les co-personnalités primaires – celles qu'il a été nécessaire pour nous de mettre en place et que nous utilisons le plus à l'extérieur – et les co-personnalités reniées. Nous nous identifions aux premières et rejetons les autres, que souvent nous jugeons chez les autres.

Dans une même personne cohabitent probablement entre cinq et huit co-personnalités. Ceci peut nous donner l'impression d'être changeants, d'autant que nous n'avons pas les mêmes à la maison et à l'extérieur.

« Pratiquer le Voice Dialogue permet d'accueillir nos co-personnalités. »

Pour cela, on va les visiter avec notre ressenti, surtout pas avec notre mental. C'est uniquement en travaillant dans le respect de la co-personnalité qu'elle peut se montrer, car elle se sent accueillie. Cela ne peut pas s'expliquer par de la théorie : c'est vraiment énergétique !

Les co-personnalités ont des polarités différentes et la Vision Consciente est l'une des étapes du Voice Dialogue qui développe un état où l'on est témoin des opposés. L'Ego Conscient est une place centrale dont on peut faire l'expérience lorsque l'on se trouve entre deux polarités, capable d'intégrer les co-personnalités opposées.

En cheminant vers l'Ego Conscient à travers le Dialogue Intérieur, on découvre toutes sortes de subtilités. On apprend à développer notre panel de couleurs : c'est tellement riche d'accéder à un registre plus large que blanc ou noir, qui comprend toutes les nuances et textures de gris, et même de certaines couleurs !

« Si l'on prend l'analogie d'un bus, nos co-personnalités seraient les passagers. »

L'Ego, quant à lui, est celui qui conduit à un moment précis, mais ce n'est que l'un des JE du bus (le JE public, le JE vulnérable…). Quoique inactives de l'extérieur, les co-personnalités reniées prennent une place dans le bus. On ne les entend pas, mais elles vont se manifester de plus en plus, souvent de manière indésirable.

On trouve généralement derrière une co-personnalité reniée un enfant blessé qui n'a pas eu l'amour et l'écoute dont nous avons tous besoin. Lorsque nous arrivons à être en paix – et quelque part en gratitude de tout ce que l'une de nos co-personnalités nous a permis –, on parvient à ne l'utiliser que lorsque l'on en a vraiment besoin, et elle aura moins besoin de s'exprimer fortement à des moments inappropriés.

Le mental est une co-personnalité très utilisée dans le monde occidental, mais ce n'est que l'un des passagers du bus. Situé dans la tête, il est coupé du corps et sa fonction principale est de nous protéger de beaucoup de choses, notamment de nos émotions et ressentis. Il ne faut surtout pas commettre l'erreur de penser qu'il faut se débarrasser du mental, du rationnel et de l'Ego ! Ils nous ont permis d'être qui nous sommes aujourd'hui.

Hal Stone écrivait : « Continuez plutôt à embrasser les énergies opposées qui opèrent constamment dans nos vies, c'est ce processus qui conduit au développement d'un moi conscient. N'essayez pas d'aimer, mais ressentez. »

« Avec l'âge, on a le choix entre s'ouvrir et se fossiliser. »

Je vois les deux courants : ceux qui ont la capacité de s'adoucir et ceux qui, au contraire, se durcissent, se fossilisent de plus en plus. J'insiste beaucoup dans mon travail sur l'accueil de la vulnérabilité, qui d'après moi se situe à l'intérieur et touche vraiment notre cœur.

La vulnérabilité est comme une pièce de monnaie avec ses deux côtés : je suis plus attaquable quand je suis vulnérable, c'est évident ! Mais c'est par la vulnérabilité que nous pouvons entrer en relation, comme le décrit très bien Brené Brown.

Si nous ne partageons avec les autres que nos succès, ou uniquement ce que nous faisons de bien dans notre vie, nous ne partageons pas notre vulnérabilité. Si vous ne me parlez pas de ce qui est difficile pour vous, et que je ne vous dis pas mes difficultés, il y a tout un côté de moi que vous ne connaîtrez pas et tout un côté de vous que je ne connaîtrai pas.

Retrouvez Florence Bory sur son site : www.florenceb.ch

“

L’humain met en place des co-personnalités principalement pour se faire accepter.

”

— FLORENCE BORY

Florence Bory, L'Ego Conscient

C'est comme si nous avions plusieurs voix intérieures, les passagers d'un bus.

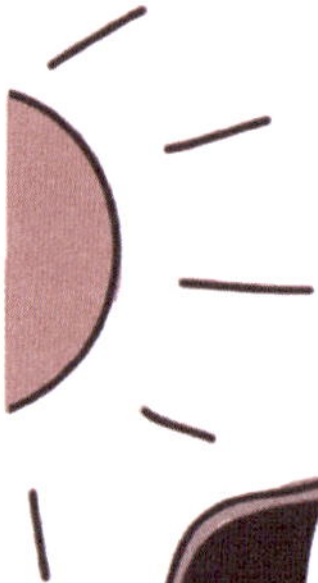

L'Ego, c'est le conducteur, la somme de tous les "je", à un instant T.

Le Mental, il est coupé du corps. Il analyse, réfléchit mais il n'aime pas les émotions. Il veut notre sécurité.

Tous les autres passagers, ce sont nos co-personnalités.

Au fond du bus, il y a les voix que l'on veut faire taire, celles qu'on n'aime pas.

Le Dialogue Intérieur permet de passer d'un bus cacophonique à un orchestre symphonique, où l'on entend autant le tambour que le triangle, où il y a moins de voix reniées.

Épisode

#128

MARTIN WINCKLER

C'est mon corps

Être femme n'est pas toujours un long fleuve tranquille. Là où le corps des hommes passe par une transformation majeure, la puberté, celui des femmes change tout au long de la vie. Et entre les règles, la contraception, les grossesses, les IVG, les fausses couches, la ménopause, l'endométriose, les femmes vivent potentiellement des bouleversements physiologiques et hormonaux intenses, qui ne sont pas toujours entendus par le corps médical. Martin Winckler est un médecin inspirant et pionnier, qui écoute les souffrances et les angoisses des femmes depuis plus de 40 ans. Avec lui, nous parlons de notre corps et d'une médecine au service des femmes. Un médecin féministe d'une rare humanité que j'avais découvert avec son roman Le Chœur des femmes, *dont ma cousine me parlait depuis des années !*

« La charge physiologique des femmes n'est pas la même que celle des hommes. »

À partir de la puberté, la physiologie féminine devient beaucoup plus sophistiquée que celle des corps masculins. Les hommes ont des problèmes de santé moins fréquents mais plus aigus, alors que les femmes peuvent souffrir de nombreux symptômes plus ou moins désagréables de manière chronique.

En tant que médecin généraliste, je suis amené à voir essentiellement des femmes en consultation. Pourtant, la médecine d'aujourd'hui est encore extrêmement sexiste : la physiologie de référence enseignée aux étudiants en médecine reste la physiologie masculine. Or tous les médecins devraient être capables de soigner les femmes et comprendre à quel point les variantes de leur physiologie sont nombreuses, et nécessitent une prescription plus attentive.

« On ne peut pas soigner quelqu'un sans écouter ce qu'il a à dire. »

On doit écouter les émotions et ressentis de la personne en face, ce qui implique de les lui faire dire. La perception de la douleur par le cerveau est très variable d'une personne à une autre. Entre hommes et femmes bien sûr, mais aussi entre femmes. Quand quelqu'un dit « J'ai mal », on devrait absolument le croire et faire en sorte qu'il n'ait plus mal. Il est inacceptable qu'une femme ait mal pendant ses règles, puisque d'autres femmes n'ont pas mal.

« Normaliser » les perceptions d'autrui est l'inverse du soin : la norme, c'est soi-même et le soin est obligatoirement personnalisé. Or les médecins ne sont pas formés à l'idée que toute personne qui rentre dans leur cabinet est différente de la précédente, et différente aussi de leurs préjugés.

« Beaucoup de médecins continuent de soigner avec des dogmes. »

En France, la formation est encore faite par des hommes majoritairement d'ancienne génération, qui enseignent avec un point de vue d'homme. La majorité des professionnels de santé – toutes professions confondues – sont cependant des femmes et la mentalité a déjà beaucoup changé, mais cela évolue trop lentement.

Le jugement porté par un médecin est une forme de harcèlement et de maltraitance verbale. Le professionnel de santé n'est pas là pour dicter ses propres valeurs mais pour donner les informations et accompagner les décisions de la personne – quelles qu'elles soient – en faisant en sorte qu'elle le vive le mieux possible.

On ne peut interdire à une femme une stérilisation volontaire, la loi l'y autorise. Présumer qu'il faut refuser quelque chose à quelqu'un parce qu'il peut le regretter plus tard est infantilisant. Arrêtons d'être paternaliste avec les femmes !

« Les femmes sont opprimées dans leur liberté à acquérir un savoir qui les concerne au premier chef et à en faire ce qu'elles veulent. »

Le discours sur les douleurs des femmes a été longtemps complètement occulté. Ainsi, l'endométriose n'est venue sur le devant de la scène que récemment, mais a toujours existé. Cette anomalie du développement embryonnaire qui se manifeste à la puberté, et parfois plus tard, concerne de nombreuses femmes et provoque kystes, inflammations et douleurs extrêmement importantes.

Il est essentiel de se faire confiance et de s'informer quand on le peut, pour faire des choix aussi éclairés que possible. Contrairement aux idées reçues, on ne doit pas passer par un gynécologue pour obtenir un contraceptif. Médecins généralistes et sages-femmes peuvent le prescrire et la plupart des méthodes ne requièrent même pas un examen.

D'ailleurs, l'examen gynécologique annuel systématique sur une femme qui ne se plaint de rien est inutile. Et une jeune femme en bonne santé n'a aucune raison de se faire examiner ni de faire un frottis de dépistage du cancer du col de l'utérus avant 25 ans si elle n'a aucun symptôme.

Dans le cas particulier de l'accouchement, on peut se préparer longtemps à l'avance et choisir avec qui et dans quelles circonstances on va accoucher. On peut même faire un plan de naissance.

« On devrait apprendre à voir la vie après la ménopause autrement. »

Les personnes qui sont dans leur troisième partie de vie ont énormément de choses à nous apprendre, particulièrement quand leur vie a été riche – ce qui est toujours le cas des femmes, mais pas toujours celui des hommes.

S'il n'a pas eu de maladie grave, il n'est pratiquement rien arrivé à un homme de 50 ans, alors que la vie physiologique d'une femme du même âge a été extrêmement riche. Les femmes ont beaucoup à nous apprendre.

Martin Winckler a publié chez Gallimard *Le Chœur des femmes*. Son nouveau livre, paru aux éditions L'Iconoclaste, s'intitule *C'est mon Corps, toutes les questions que se posent les femmes sur leur santé*.

www.martinwinckler.com

“

La vie est longue
et c’est à chaque femme
de se définir
comme elle l’entend
ou de fuir les définitions
et de se contenter
de vivre sa vie.

”

– MARTIN WINCKLER

Martin Winckler, C'est mon corps.

Quand je soigne une femme en étant un homme, je ne vis pas la même chose, j'ai besoin d'écouter ce qu'elle me dit, comprendre ses douleurs, ses émotions.
Les jeunes médecins aspirent à autre chose et doivent être formés pour développer leur écoute des patients.
Il y a encore beaucoup de pratiques abusives, parfois une absence de "consentement" patient/médecin.
Le paradigme médical est en train de changer grâce à la pression de la population.
il y a ENCORE besoin de le rappeler ...
en matière de contraception, de grossesse, de stérilisation... une femme fait bien ce qu'elle veut de son corps.

Épisode

#131

ARUNA LIPSCHITZ

La Voie de l'Amoureux

Arouna Lipschitz est une philosophe de la relation qui a élaboré la Voie de l'Amoureux, une réflexion sur la dualité et la conscience d'altérité en même temps qu'une pratique de développement relationnel, à la croisée des chemins entre psychanalyse, spiritualité et science initiatique. Écrivaine, essayiste et productrice, elle est aussi connue pour son travail sur le concept de la « Nostalgie de l'ailleurs » dont elle a même fait un film, car elle est aussi réalisatrice. Elle accompagne de nombreux étudiants sur la mutation en cours mais comme elle le dit si bien : « Quelles que soient mes casquettes, mon sujet c'est l'amour, l'amour, et encore l'amour ! » J'ai rencontré Arouna assez récemment et nous avons eu tout de suite une intimité de pensée. On se connaît, on se comprend. Cela vient sûrement d'ailleurs… Allez savoir…

« On ne naît pas amoureux, on le devient. »

L'amour est le projet pour lequel l'humanité a été créée. Il est au commencement de l'Univers. Il Est. Mais aussi divin soit-il, il ne garantit pas pour autant de bonnes relations, ni ne suffit à être un·e bon·ne amoureux·se. Il faut acquérir la compétence relationnelle et en étudier les clés. Nous n'avons pas appris à différencier l'amour et le désir, la passion, ces émotions qui nous enflamment si facilement.

La Voie de l'Amoureux est née sur l'idée que si l'amour est donné, aimer ça s'apprend. J'enseigne la relation comme initiation à la joie de vivre sur Terre, en reliance au sacré.

On n'advient pas à ce que l'on a à devenir ; ce que l'on a à devenir attend que nous lui ouvrions la porte ! Notre seule liberté d'évolution, c'est la vitesse : plus nous faisons au présent du travail pour dégager le passé, plus nous pourrons vivre rapidement un futur glorieux. Toutes les routes sont bonnes pour cela, pourvu qu'elles nous soient suffisamment confortables.

Le travail de développement personnel est formidable mais a ses limites. *Idem* pour une démarche purement spirituelle ! Entrer en fusion avec l'amour, plonger dans un monde de lumière où l'on éprouve quelque chose de la magnificence du Tout, c'est divin mais il y manque l'altérité ! Le développement relationnel est le test de réalité de notre évolution : l'autre est le miroir de notre développement personnel autant que de notre évolution spirituelle.

« Est-ce que j'ai appris à mieux aimer et à être mieux aimé·e ? C'est la question essentielle à se poser à la fin de sa vie. »

Nous ne sommes sur Terre que pour apprendre à vivre en relation ! Tout ce qui arrive – et la crise d'aujourd'hui en est un exemple incroyable – nous invite à mieux aimer. Cette pandémie est une véritable invitation cosmique à un nouveau cycle d'humanité. Une mutation qui oblige à une réflexion sur l'altérité et l'importance de l'autre dans notre vie humaine. À un vivre ensemble plus fraternel, en un mot !

Le confinement incite en même temps à plus d'autonomie, à se libérer du besoin de l'autre mais pour mieux le choisir, mieux s'en approcher sans masque, par envie véritable de partage et non par besoin.

Qu'elle soit amicale, amoureuse ou professionnelle, chaque rencontre est initiatique pour peu que l'on s'interroge sur ce qu'elle vient nous dire. Elle nous montre comment grandir dans notre être amoureux et nous invite à accomplir des inaccomplis relationnels.

Une relation est à 90 % une relation de guérison, les 10 % restants étant le potentiel de la relation d'âme. Dans toute relation, il faut ôter les couches de l'ego et soigner les blessures du passé pour que l'âme puisse prendre sa place. La Voie de l'amoureux accélère énormément le temps de la relation de guérison.

Passer à une relation d'âme ouvre les portes à l'amour durable, où l'autre est la seule raison de mon être en relation avec lui. Entre-temps, il y a de quoi faire pour acter ce que j'appelle l'objectif quatre B : faire à l'autre du bien, du bon, du beau et du bio, de la *vivance*, c'est déjà beaucoup !

« La relation d'âme demande une capacité de s'abandonner. »

Chacun porte en soi les genres féminin et masculin, c'est l'un des sept principes de l'Univers. Pour devenir un vrai amoureux, nous devons développer notre féminin et notre masculin dans leur dimension la plus sacrée.

Le féminin sacré est la compétence de recevoir pour recevoir, cette capacité d'abandon total et de gratitude pour ce que l'on reçoit. Le masculin sacré, c'est la capacité de se donner complètement, l'oubli de soi, ou plutôt de moi, sans rien attendre en retour.

« La nostalgie de l'ailleurs est la nostalgie d'un paradis perdu de pur amour. »

Lorsque l'on s'enflamme en rencontrant quelqu'un, on retrouve un instant cet Amour toujours présent dans nos poches. Le coup de foudre nous met en résonance avec cette mémoire originelle de l'Amour que l'on porte en nous. C'est divin tant qu'on ne laisse pas la nostalgie, et la mélancolie qu'elle engendre, prendre le dessus.

La nostalgie de l'ailleurs est la racine de tous nos maux. Le problème n'est pas l'ailleurs, mais notre nostalgie fusionnelle qui nous empêche bien souvent d'en jouir. Vivre son voyage dans l'incarnation riche de la lumière, de la beauté et de l'amour de l'ailleurs relève d'une reliance spirituelle indispensable pour faire la route vers le grand amour.

Être triste et mélancolique de l'impossible et surtout de l'impermanente fusion avec le Tout nourrit nos forces mortifères. Refuser l'incarnation au nom du divin, de l'extase et de la plénitude revient à refuser la puissance de vie. L'acte premier pour guérir de sa nostalgie de l'ailleurs est de dire un oui radical à sa naissance, à la Terre et à l'aventure humaine.

Arouna Lipschitz est l'auteure notamment de *La Voie de l'Amoureux* (éditions Robert Laffont et Pocket), *52 clés pour vivre l'amour* (éditions Dervy) et *L'un n'empêche pas l'autre* (J'ai Lu et éditions Le Souffle d'Or).

www.arouna.com ; www.lavoiedelamoureux.com

“

On ne naît pas amoureux, on le devient.

”

– AROUNA LIPSCHITZ

Épisode #141

FABRICE MIDAL

Rester serein quand tout s'effondre

Fabrice Midal est le fondateur de l'École de Méditation qui est aujourd'hui la principale école laïque de méditation dans le monde francophone. Nous sommes dans un monde qui change, qui tremble, qui bascule, d'ordre ou de chaos ou de grande métamorphose selon les visions. Alors : « Comment rester serein quand tout s'effondre ? », c'est la question qu'il pose dans son livre. Apprenons à soigner ce qui est blessé en nous pour trouver douceur et sérénité. J'ai rencontré Fabrice Midal lors d'une interview et j'ai aimé l'ancrage et la douceur qui émanent de lui. J'aime aussi la façon qu'il a de s'accueillir, sa clarté de pensée pour mettre à la portée de tous la philosophie. Un enchantement.

« Une sorte de néolibéralisme psychique envahit nos esprits. »

Tout le monde voit bien aujourd'hui comment le libéralisme règne et conduit à tout quantifier et instrumentaliser : les eaux, les arbres, les animaux et même les êtres humains. Il détruit tout ! Mais nous ne voyons pas que cette idéologie infiltre aussi notre conception de la vie – il existe en ce sens un redoutable libéralisme psychique.

Le libéralisme consiste à vouloir être « calme », à « gérer » notre stress, à « potentialiser » notre capital santé ou bonheur, à vouloir tout contrôler. Sous le visage de la sagesse, on nous empoisonne ! Au lieu de vouloir être parfait, efficace, sans peur, sans angoisse, sans colère, épousons enfin notre humanité, acceptons nos limites, foutons-nous la paix ! Osons rencontrer la personne réelle que nous sommes.

« Sortons du paradigme statique pour entrer dans le mouvement de vie. »

Dans ce livre, je montre qu'il existe deux paradigmes de la sérénité : vouloir être indifférent à tout, détaché de tous les affects, trouver une sorte d'ataraxie ou, comme je le propose, entrer dans le dynamisme de la vie. Accepter l'échec, la faille, nos limites... Ils font partie de la vie ! On ne peut pas s'en débarrasser comme on vide une poubelle !

La première étape est donc d'accepter d'être touché, d'avoir mal, d'être irrité, inquiet. Reconnaître que c'est normal ! Entrez dans la réalité de ce que vous vivez. Arrêtez de vous battre contre le réel. Vous découvrez alors que l'on peut naviguer même dans les tempêtes, transformer ce qui peut l'être, guérir ce qui est blessé, aimer ce qui en a besoin.

Une personne sereine n'est nullement un être qui n'est plus jamais triste, perdu, découragé, mais qui apprend à faire avec. C'est magnifique. Et puissant.

« Être en présence demande de la subtilité. »

La méditation est trop souvent un évitement expérientiel et émotionnel. On pratique pour se calmer, pour ne pas trop ressentir de difficultés. On ne fait ainsi, en réalité, que se couper de la vie, de nos vraies forces ! Il faudrait être zen, lâcher prise, observer ses pensées en pleine conscience... Voilà qui me semble complètement à côté de la plaque.

En réalité, la méditation est ainsi devenue un instrument du libéralisme psychique qui nous apprend, en nous parlant de calme, à avoir encore plus peur de nos émotions et de nos affects. Comme s'il y avait, du reste, des émotions négatives ! Quelle idée absurde ! Il y a des émotions douloureuses, certes ! Mais aucune émotion n'est négative ! Si nous la ressentons, c'est qu'elle veut nous dire quelque chose. Il y a des colères justes et des joies fausses et fabriquées.

Je crois en une autre méditation qui, au travers de ce que notre corps connaît, nous permet de rencontrer nos émotions, nos désirs, nos aspirations. L'important est d'apprendre à pouvoir faire face concrètement à toutes les difficultés, en trouvant des forces en soi qu'on ne soupçonnait pas.

« La sérénité est toujours un acte d'amour. »

La vraie spiritualité, n'est pas un état neutre, vide, indifférent mais vient d'un désir ardent pour une dimension d'amour plus ultime et plus profonde.

Nous avons tous soif de paix et de justice, de vérité et d'équilibre. Ce désir est beau et noble. La voie consiste à l'éprouver pour retrouver la profondeur de notre propre cœur.

Plus nous sommes ouverts à notre blessure, à nos insuffisances, plus nous sommes humains. Cette blessure, notre cœur tendre et blessé, semble insoutenable au début, mais nous apprenons peu à peu qu'elle est le lieu de toute éclosion, le lieu où nous pouvons ressentir que nous appartenons à une humanité commune. Nous pouvons faire la paix avec nos failles. C'est là, la sagesse. S'aimer vraiment.

Fabrice Midal est l'auteur de nombreux best-sellers dont *Foutez-vous la paix* (éditions Pocket). Ses derniers livres, *Comment rester serein quand tout s'effondre* et *Suis-je hypersensible ?*, sont parus aux éditions Flammarion/Versilio.

www.fabricemidal.com

“

Les moments
les plus précieux
et profonds
sont souvent
ceux où l’on partage
quelque chose qui vient
nous surprendre.

”

– FABRICE MIDAL

Épisode #152

CHRISTIAN JUNOD

Ce que l'argent dit de nous

L'argent est le thème tabou par excellence : en parler est perçu comme dévoiler une part de notre intimité et met mal à l'aise la plupart d'entre nous. Économiste de formation et ancien conseiller en placements financiers dans une grande banque suisse, Christian Junod est auteur, conférencier et anime en Europe des conférences et ateliers sur le thème de la relation à l'argent. Avant tout passionné de l'être humain, il a à cœur d'accompagner chacun sur son chemin de conscience afin d'utiliser pleinement ses talents et ses dons. Interrogeons-nous avec lui sur notre relation consciente à l'argent, nos mécanismes et comment nous guérir.

Rencontrer Christian est déjà une guérison en soi. Son être apaisé, joyeux et conscient est une bénédiction. Et, cerise sur le gâteau, nous sommes presque voisins en Suisse !

« Sans en être conscients, nous donnons à l'argent un pouvoir qu'il n'a pas et en faisant ainsi, on se déconnecte d'une partie de notre pouvoir. »

Une première typologie de personnes – les « écureuils » – a tendance à donner à l'argent un pouvoir positif (il va me rendre secure, libre, heureux, m'apporter du confort...). Animés par la croyance inconsciente que plus ils en auront, plus ils seront libres ou secure, ils ont tendance à l'accumuler pour compenser quelque chose qui n'est pas suffisamment présent à l'intérieur – souvent, la sécurité intérieure ou la liberté de faire ce qui est bon pour eux.

Les « repousseurs » en ont au contraire une perception négative (il est sale, génère des conflits, cause des problèmes dans le monde...) et ils ont donc tendance à le repousser. Ce que l'on n'accepte pas chez soi, on le rejette et le projette à l'extérieur, en l'occurrence sur l'argent. Parfois, ce sont des personnes qui ont été abusées, qui se voient comme salies et pensent qu'elles ne méritent pas de recevoir.

La troisième typologie – tendance « montagnes russes » – regroupe ceux qui ont au moins une projection positive et une projection négative sur l'argent, une sorte de conflit intérieur dont ils ne sont pas conscients. Ils ont tendance à enchaîner des phases de hausse puis des phases où l'argent « fout le camp ».

« Nous avons presque tous des plafonds de verre, comme des limitations qu'on se donne dans notre capacité à recevoir. »

Pour moi, la vie est abondante par définition, mais nous restreignons notre capacité à recevoir ses bienfaits. Le nombre d'êtres humains qui n'estiment pas mériter de recevoir tous les cadeaux de la vie – y compris l'argent – est considérable !

Notre relation à l'argent révèle notre difficulté à pleinement nous accueillir. Il fonctionne comme une énergie et a un sens de circulation : mon tuyau du donner et du recevoir est-il débouché pour que cela puisse bien circuler ?

Même les multimillionnaires peuvent vouloir toujours plus par insécurité. L'expression « gagner sa vie » sous-entend forcément que, sans argent, on peut la perdre. Autrement dit, l'argent est une question de vie ou de mort. Et par peur du manque d'argent, on fait parfois des choix douteux comme prendre un métier que l'on n'aime pas et qui nous détruit.

Déconnecter la sécurité de l'argent est la première chose à faire : voir l'argent pour ce qu'il est et la sécurité pour ce qu'elle est, et prendre conscience de ce que j'ai tendance à projeter sur l'argent pour m'en décoller. J'invite chacun à observer ses comportements automatiques et ses pensées en lien avec l'argent, car cela parle de nous. Pour aller plus loin, Peter Koenig et moi-même avons développé quelques processus, par exemple sur comment accueillir l'insécurité et se sentir *secure* avec et sans argent.

Si je n'arrive pas à me donner de la valeur pour qui je suis, je vais la chercher dans ce que je fais ou possède. Avec la société de consommation, nous compensons notre mal-être en achetant des choses. En quelque sorte, nous construisons nos propres prisons ; dorées parfois, mais prisons quand même.

La plupart des personnes qui arrivent à se libérer pour vivre leur métier de cœur déclarent consommer bien moins qu'avant, car il n'y a plus rien à compenser, l'essentiel est là. J'ai lâché mon travail bien payé il y a dix ans et mène aujourd'hui une vie que je n'aurais jamais même imaginée.

L'entrepreneuriat est un parcours d'accélération, d'apprentissage sur soi pour casser les limites de nos possibles les unes après les autres. Je crois vraiment que tout est possible : il ne dépend que de moi d'y croire ou pas, car ça commence par là.

J'ai beaucoup développé la confiance en la vie. Quoi qu'il m'arrive, je sais que j'aurai les ressources ou trouverai les soutiens à l'extérieur pour faire face à ce qui se présente. Je suis ainsi beaucoup plus focalisé sur le présent, au lieu de réfléchir anxieusement au futur et au passé.

« Pour beaucoup, il est compliqué de gagner de l'argent quand on aime ce que l'on fait. »

Certains se créent une souffrance inutile pour se donner bonne conscience de mériter le fruit de leur travail. Comme si avoir de la joie était tellement énorme que gagner de l'argent en plus serait presque indécent vis-à-vis de ceux qui souffrent et méritent cette compensation.

La peur du regard des autres est capitale. De peur de passer pour voleurs ou profiteurs, nombreux pratiquent des tarifs trop bas qui n'honorent pas l'énergie et le cœur qu'ils mettent dans ce qu'ils font.

Si je gagne plus d'argent, c'est parce que j'accompagne de plus en plus de personnes, donc je réalise ma mission avec toujours plus de succès et de puissance ! Nous avons tous un talent à offrir au monde et j'aimerais qu'en aucune manière l'argent ne soit un blocage qui nous en empêche. Plus nous serons nombreux à le faire, mieux notre société se portera.

Le chemin de chacun dans la relation à l'argent est unique et, selon moi, jamais terminé. C'est un travail d'amour et de réconciliation avec soi-même pour créer plus de paix à l'intérieur.

Christian Junod a écrit trois livres sur le thème de l'argent dont *Ce que l'argent dit de vous : interrogez votre relation à l'argent pour une vie plus sereine*, paru aux éditions Eyrolles.
www.cjunodconseil.com

“

Pour moi, la vie
est abondante
par définition,
mais nous restreignons
notre capacité
à recevoir ses bienfaits.

”

– CHRISTIAN JUNOD

Épisode #156

HÉLÈNE DE FOUGEROLLES

La liberté intérieure

Hélène de Fougerolles est une actrice française qui a reçu le prix Romy Schneider. Maître praticienne en hypnose humaniste, elle est aussi formée au reiki, au yoga, à la naturopathie, à la permaculture et à la communication animale… Elle est dotée d'une insatiable curiosité et d'un appétit de vie ! Rencontre profonde et intime avec une femme libre et inspirée, qui nous communique les clés de sa liberté intérieure. L'authenticité désarmante d'Hélène en fait une femme solaire et lumière. Entretien coup de cœur.

« Ce qui m'a rendue forte,
c'est d'être tombée et de m'être relevée. »

Aujourd'hui, avec le recul, je vois comme une chance de ne plus avoir eu de travail pendant trois ans. Sur le moment, cela a été un effondrement et une grande remise en question, mais cette expérience m'a permis d'aller en profondeur à la rencontre d'autres aventures et de moi-même.

Je suis naturellement d'une nature optimiste, enthousiaste et joyeuse. J'adore rencontrer des gens et apprendre des choses. Mais pendant cette période compliquée de ma vie, je suis devenue progressivement paranoïaque, il était difficile de sortir de chez moi et je me sentais mal quand on me regardait. Je vivais une dévalorisation totale et j'avais beaucoup de mal à me reconnaître. J'ai rencontré sur mon chemin l'hypnose humaniste qui m'a particulièrement aidée à entrer en introspection pour comprendre qui j'étais vraiment et m'ouvrir des portes. En quelques séances d'hypnose, j'ai pu reprendre le métro, par exemple, et recommencer à vivre normalement. Je me suis rendu compte qu'il n'est pas si grave de ne pas concrétiser ses rêves – en tout cas pas tous. J'ai aujourd'hui beaucoup de recul sur tout ce qui m'arrive et plus grand-chose ne me paraît si grave.

« Avec l'hypnose humaniste, on rencontre des parts de soi. »

Cette pratique m'a complètement réalignée ! C'est une façon de rester en ouverture et de réassocier les gens. Cela commence comme une méditation guidée, l'hypnothérapeute fait des suggestions progressives, puis c'est finalement un travail entre l'inconscient et le patient.

Il s'agit vraiment d'un travail de plongée en soi qui va libérer des émotions en profondeur pour aller à la rencontre des choses qui nous empêchent d'avancer, pour reprendre confiance. Être heureux, tout simplement. Nous travaillons avec l'enfant intérieur blessé, le masculin intérieur, le critique intérieur, etc.

« C'est immense d'avoir des outils pour pouvoir réparer les gens de cette façon. »

La société propose souvent un médicament au lieu d'aller chercher et de comprendre les causes profondes de nos blessures. Alors que c'est incroyable comme l'hypnose peut être rapide et accessible. Des fumeurs arrêtent de fumer en une séance alors qu'ils ont échoué cinquante fois auparavant !

Je pratique le métier d'hypnothérapeute depuis quatre ans, le plus souvent avec des gens que je connais. Je vois cela comme une boîte à outils et c'est pour moi une passion. C'est extraordinaire de voir des personnes se libérer et de les accompagner à vivre leur transformation. Vous apprenez alors autant que le patient.

« Je vois tout ce qui m'arrive comme des expériences, des aventures. »

On peut s'imaginer ou se créer des problèmes partout, mais déjà remercier d'être en bonne santé me rend la plus heureuse du monde. Le reste, ce ne sont que des défis à relever !

J'adore m'enrichir, expérimenter d'autres façons de penser et me libérer de mes croyances. J'essaie de rester une grande optimiste et il y a tellement de livres qui m'aident à voir le monde avec un autre prisme. J'aime inspirer et partager ce qui me plaît, tout en n'étant pas trop sérieuse.

Je m'intéresse à toutes les méthodes qui ont un petit côté « sorcier » : chamanisme, bioénergie, fleurs de Bach… Je garde les pieds sur terre, mais l'idée d'appeler des présences et de se mettre dans un état d'ouverture à des êtres invisibles, à quelque chose de plus grand que le matériel, me plaît. Cela m'aide à rêver et me donne la foi. Et la foi m'aide à me sentir invulnérable, forte et protégée. Je suis persuadée du pouvoir de l'intention. Nous avons tous ce talent d'auto-guérison : tout le monde peut l'apprendre et pour cela il faut d'abord poser l'intention de soigner.

« On nous demande de rentrer dans des cases mais personne n'y arrive. »

Ma fille parle beaucoup avec des amis invisibles. Diagnostiquée autiste et jugée différente, elle ne rentre dans aucune case. J'ai alors décidé d'aller explorer son monde à elle et c'est aussi comme ça que je me suis intéressée à tous ces sujets. Elle m'a montré ce chemin pour aller la retrouver, parce qu'elle a du mal à me retrouver ici sur terre dans ce qui est vu comme une forme de « normalité ».

J'aime beaucoup l'idée que nous sommes créateurs de notre vie : alors tout est vrai, tout est possible, à partir du moment où l'on a envie de le croire. Ce que ma fille imagine est forcément vrai, puisque dans son monde à elle cela existe. Ce serait vraiment la nier d'affirmer le contraire.

C'est aussi pour cette raison que j'aime participer à des programmes qui permettent de changer notre regard. J'ai eu la chance de tourner avec une jeune femme trisomique récemment. Il y a une telle sincérité et vulnérabilité chez ces personnes qui ne sont pas dans la manipulation, cela ouvre le cœur.

J'aimerais aussi faire une série avec des médiums, pour ouvrir la voie à l'idée d'observer la vie autrement. Ce n'est pas parce que nous ne voyons pas les choses qu'elles n'existent pas.

Hélène de Fougerolles a publié son livre autobiographique *T'inquiète pas, maman, ça va aller* aux éditions Fayard.

“

**La vie est
une grande aventure,
une expérience
à traverser.**

”

– HÉLÈNE DE FOUGEROLLES

Épisode

#161

FRANCK LOPVET

Ton autre vie

Franck Lopvet est un inclassable penseur contemporain, un philosophe qui a choisi de vivre complètement son chemin et répand hors des sentiers battus une parole clairvoyante à l'inspiration décalée, singulière et vivifiante. À travers ses stages, vidéos et conférences, il offre de vivre sa vie sans autre recherche que l'acceptation de ce qui est et de ce que nous sommes. Dans son nouveau livre Ton autre vie*, paru aux éditions Eyrolles, il nous invite à accéder à des parts de soi jusqu'alors méconnues. J'ai connu Franck lors d'un stage* Plongeon *d'une semaine avec lui, avant de l'interviewer. Cela a été pour moi une semaine de machine à laver ! Une immersion dans les profondeurs de l'être assez étonnante. Un travail fascinant en systémie avec le groupe. Depuis, je me considère comme Lopvétiennne* 😉

« À une encablure de toi,
tu peux te saisir d'une autre vie qui est bel et bien la tienne. »

Même quand nous avons « travaillé » sur nous-mêmes, nous tournons souvent en rond dans nos vies et revivons les mêmes blessures. Ces boucles nous donnent le sentiment d'être prisonniers et nous croyons que notre vie est verrouillée, parce qu'on n'a pas le choix, qu'elle est ainsi faite.

C'est précisément cela que j'ai envie de remettre en cause ! Comprendre nos boucles demande d'ouvrir son esprit à d'autres perspectives. Nous avons autour de nous des chemins parallèles, qui sont autant de vies qu'on pourrait avoir. Il suffit de réaliser qu'à un petit point de regard de notre réalité, il en existe une autre et que la regarder de cet autre point de vue change totalement la donne.

« Le seul traceur fiable, c'est la vie que j'ai. »

Dans une quête mentale – ma pensée à propos de moi –, il est tellement facile de se raconter des histoires et fausser sa propre perspective ! Au-delà de ce que l'on pense être, il est une réalité ultime : celle de l'expérience.

Ma vie est la seule chose qui ne ment pas, donc le plus sûr moyen d'aller à la rencontre de moi-même. J'ai pris l'habitude de regarder ce que je vis pour en tirer les conclusions de ce que je suis, plutôt que de continuer de croire que je suis ce que je suis et qu'il y a erreur sur ma vie. Lorsque je me bats, que je refuse ce qui arrive dans ma vie et ce qu'est ma vie, c'est moi que je refuse.

« Nous sommes des filtres à réalité : nous n'observons pas LA réalité mais NOTRE réalité. »

« De là où je regarde » est une phrase très importante : même si ce que je regarde me semble être la seule lecture possible d'une situation, elle ne reste que mon angle de vue. Et nous avons tendance à sélectionner uniquement les parts de la réalité qui corroborent les croyances que nous avons déjà à propos de la vie.

Nous inventons un personnage de fiction dont nous sommes l'otage, qui cherche à vivre en boucle toujours les mêmes situations et s'enferme dans une réalité. Ce livre cherche à créer le décalage nécessaire pour sortir de ce piège. Chacun peut découvrir quel personnage il s'est mis à incarner pour cesser de le prendre au sérieux – et la vie qui va avec –, et créer la distance utile à une véritable introspection.

Au-delà de nos personnages de légende, l'espace véritable c'est l'endroit où ça pousse pour nous. Lorsque mon état désiré – ce que je souhaiterais le plus vivre dans ma vie – est d'être la personne que je suis maintenant, avec mes hauts et mes bas, je me retrouve dans l'état d'être idéal, où l'énergie qui m'est destinée arrive au bon endroit.

« La seule forme de force acceptable, c'est la fragilité. »

L'une des clés pour se rencontrer est de guérir nos mémoires cellulaires à travers nos émotions, en les laissant agir comme des messagères. Faire preuve de force, c'est être capable d'être vulnérable devant les siens, ne pas jouer à cache-cache avec nos états émotionnels.

Tant de gens souffrent de ne pas avoir vu leurs parents échouer, pleurer ou dire : « Je me suis trompé. » La seule façon de soulager nos enfants est de NOUS permettre de vivre, en osant sortir de la posture du parent qui sait.

« Il y a un véritable gouffre entre ce que les gens pensent être et l'énergie qui se déploie réellement autour d'eux. »

Nous portons cette signature vibratoire à notre insu, telle une forme d'intention sous-jacente. Écouter cette vibration à l'intérieur de soi n'est pas aisé, car nous sommes des êtres multi-facettes, capables de vibrer, tour à tour tendresse et ressentiment.

Percevoir notre propre signature vibratoire est absolument nécessaire pour rester responsable de notre expérience, surtout si elle est désagréable. Le meilleur moyen de comprendre ce que je vis est de rester lucide non pas sur ce que je pense de moi, mais sur ce qui se dégage de moi.

« Je pense qu'une vie ne peut pas se réussir : elle se vit et c'est tout. »

Travailler sur soi ne consiste pas à essayer de changer ou se débarrasser de quelque chose, plutôt à incarner ce que l'on est, revendiquer toutes nos facettes comme légitimes.

Nous cherchons à contrôler le voyage de la vie, mais plus on contrôle et plus on perd les manettes. Il faut en finir avec un monde binaire noir et blanc pour réaliser que dans cet espace ni blanc ni noir se tapit notre humanité. Un humain est capable du pire ET du meilleur, sans que l'un exclue l'autre.

Aujourd'hui, je ne vis plus dans la peur et la tension d'être démasqué, et j'ai totalement renoncé à réussir ma vie. Je me régale de cet angle de vue que j'ai sur la vie, je me sens plus libre et plus puissant que jamais. J'ai envie de proposer aux gens de viser plus haut et d'arrêter de vivre leur vie à petit pas, comme si on allait être massacrés par la trouille tout le reste de notre vie. Arrêtons de ramper, redressons le torse et vivons en grand.

Franck Lopvet est l'auteur de *Un homme debout*, paru aux éditions Atlantes et *Ton autre vie*, publié récemment chez Eyrolles.
www.francklopvet.com

“

Je sais que je suis
la source, celui qui sème.
Et que je suis le but,
celui qui récolte.

”

– FRANCK LOPVET

Remerciements

Pour leur confiance, leur lumière, les messages qu'ils portent pour le monde, je remercie infiniment chaque interviewé qui est dans ce livre et tous les invités au micro de *Métamorphose* qui me font confiance.

Merci aux centaines de milliers d'auditrices et auditeurs du podcast *Métamorphose*, votre enthousiasme, votre accueil et vos retours chaleureux me motivent à poursuivre cette mission très spéciale !

Merci à mon cher partenaire, premier sponsor de *Métamorphose* depuis ses débuts, l'entreprise familiale Léa Nature engagée dans la bio depuis longtemps, grâce à qui nous produisons des contenus de qualité. En particulier aux inspirants Mireille et Charles.

Merci à mes très chères éditrices Joanne Mirailles, Marie Allavena et Coraline Grandguillot pour leur soutien indéfectible et la joie que nous partageons de travailler ensemble. Sans oublier les équipes du studio graphique, les talentueuses équipes marketing et commerciales. Un livre, c'est un joyeux travail en commun !

Merci aux libraires qui soutiennent ces contenus avec passion et enthousiasme. J'aime ce métier pour avoir été libraire pendant mes années d'études et plus tard. Gratitude pour leur flamme et leur inventivité en ces temps parfois complexes.

Merci à la petite équipe de passionnés qui m'entoure pour produire *Métamorphose* au quotidien : Eloïse, Folco, Matyas, Philip et Pierre-Marie. Gratitude.

Merci aussi à Cyril Merle pour toute sa gentillesse renouvelée !

Retrouvez *Métamorphose* en écoute sur 35 plateformes de podcast et abonnez-vous gratuitement pour être informé des nouveaux épisodes.

YouTube Spotify Apple Podcasts

podcastaddict deezer

Vous pouvez suivre l'actualité du podcast et découvrir les invités en avant-première ainsi que des livres et des surprises à gagner sur le compte Instagram : MetamorphosePodcast

Vous souhaitez rejoindre la *Tribu Métamorphose* et contribuer directement au soutien de l'aventure, rejoignez-nous sur : www.patreon.com/metamorphose

De la même auteure

Dépôt légal : Avril 2021,
Imprimé en France par Corlet
N° d'imprimeur : 21020176